— 미래와 통하는 책 —

동양북스 외국어 베스트 도서

700만 독자의 선택!

새로운 도서, 다양한 자료 동양북스 홈페이지에서 만나보세요!

www.dongyangbooks.com
m.dongyangbooks.com

※ 학습자료 및 MP3 제공 여부는 도서마다 상이하므로 확인 후 이용 바랍니다.

홈페이지 도서 자료실에서 학습자료 및 MP3 무료 다운로드

PC

❶ 홈페이지 접속 후 도서 자료실 클릭
❷ 하단 검색 창에 검색어 입력
❸ MP3, 정답과 해설, 부가자료 등 첨부파일 다운로드
　* 원하는 자료가 없는 경우 '요청하기' 클릭!

MOBILE

* 반드시 '인터넷, Safari, Chrome' App을 이용하여 홈페이지에 접속해주세요. (네이버, 다음 App 이용 시 첨부파일의 확장자명이 변경되어 저장되는 오류가 발생할 수 있습니다.)

❶ 홈페이지 접속 후 ≡ 터치

❷ 도서 자료실 터치

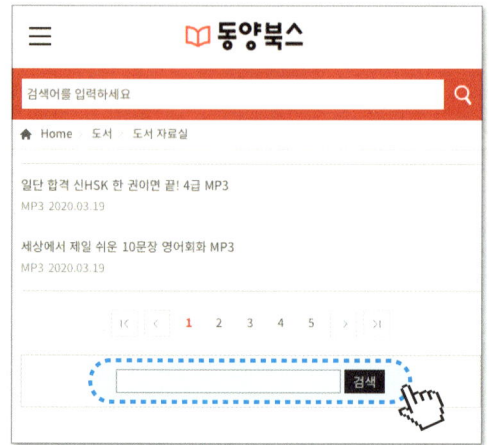

❸ 하단 검색창에 검색어 입력
❹ MP3, 정답과 해설, 부가자료 등 첨부파일 다운로드
　* 압축 해제 방법은 '다운로드 Tip' 참고

문법에서 회화까지

버전업! 가장 쉬운
베트남어
첫걸음

정보라 지음

동양북스

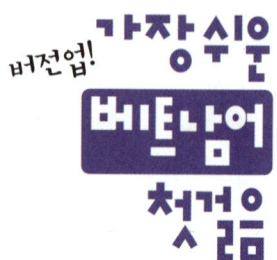

개정 22쇄 발행 | 2024년 3월 10일

지 은 이 | 정보라
교　　정 | 호티 롱안
발 행 인 | 김태웅
기획 편집 | 김현아
디 자 인 | 남은혜, 김지혜
일러스트 | 배정식
마케팅 총괄 | 김철영
온라인 마케팅 | 김은진
제　　작 | 현대순

발 행 처 | (주)동양북스
등　　록 | 제 2014-000055호
주　　소 | 서울시 마포구 동교로22길 14 (04030)
구입문의 | 전화 (02)337-1737　팩스 (02)334-6624
내용문의 | 전화 (02)337-1763　dybooks2@gmail.com

ISBN 978-89-8300-648-6 13790

ⓒ정보라, 2009

▶ 본 책은 저작권법에 의해 보호를 받는 저작물이므로 무단 전재와 복제를 금합니다.
▶ 잘못된 책은 구입처에서 교환해드립니다.
▶ 도서출판 동양북스에서는 소중한 원고, 새로운 기획을 기다리고 있습니다.
　http://www.dongyangbooks.com

버전업!
가장 쉬운 베트남어 첫걸음 핸드북

동양북스

18 베트남에서 가장 높은 산이 어떤 산인지 아세요?

A 베트남에서 가장 높은 산이 어떤 산인지 아세요?
B 그것은 3,142미터인 판씨빤 산이에요.
A 저는 이 산들 오르러 다시 베트남을 방문하고 싶어요.
B 누구나 이 산에 대해 궁금해해요.
A 내일 날씨가 나빠질 거예요.
B 귀국 잘 하세요!

CHAPTER 01
발음과 성조

18 Anh có biết núi nào cao nhất ở Việt Nam không?

A Anh có biết núi nào cao nhất ở Việt Nam không?

B Đó là núi Phan – xi – păng cao 3,142 mét.

A Tôi muốn thăm lại Việt Nam để leo núi này.

B Ai cũng tò mò về núi này.

A Ngày mai thời tiết sẽ trở nên xấu.

B Chúc có về nước bình an!

발음과 성조

베트남어 29개 문자

문자	명칭	발음	음가	문자	명칭	발음	음가
A	a	아	아	N	en-nờ	너	ㄴ
Ă	á	아	아	O	o	오	ㅇ
Â	ớ	어	어	Ô	ô	오	ㅇ
B	bê	베	ㅂ	Ơ	ơ	어	어
C	xê	쎄	ㄲ	P	pê	뻬	ㅃ
D	dê	제	ㅈ	Q	cu	꾸	ㄲ
Đ	dê	더	ㄷ	R	e-rờ	러	ㅆ
E	e	에	에	S	ét-si	서	ㅆ
Ê	ê	에	에	T	tê	떼	ㄸ
G	giê	거	ㄱ	U	u	우	우
H	hát	핫	ㅎ	Ư	ư	으	으
I	ingắn	이	이	V	vê	베	ㅂ
K	ca	까	ㄲ	X	ich-xì	쎄	ㅆ
L	e-lờ	러	ㄹ	Y	i dài	이	이
M	em-mờ	머	ㅁ				

17 창가 자리로 주세요.

A 하노이 가는 표 한 장 주세요.
B 왕복표요? 아니면 편도표요?

A 나는 하노이에 갔다가 왔어요.
B 뭐 타고 하노이에 가요?
A 저는 기차로 하노이에 가요.

A 창가 자리로 주세요.
C 짐 보안검사 수속을 밟으세요.

12개 단모음

문자	발음	예	발음
a	아	우리말 '아'와 같이 입을 크게 벌린다	an 안
ă	아	짧게 발음하는 '아'	ăn 안
â	어	짧게 발음하는 '어'	âm 엄
e	애	우리말 '애'보다 입을 작게 벌린다	em 앰
ê	에	우리말 '에'보다 입을 작게 벌린다	êm 엠
i	이	짧게 발음하는 '이'	im 임
y	이	길게 발음하는 '이'	yên 이엔
o	어	'오'와 '아'의 중간음으로 낸다	ong 옹
ô	오	우리말 '오'와 같다	sông 쏭
ơ	어	길게 발음하는 '어'	mơ 머
u	우	우리말 '우'와 같다	um 움
ư	으	우리말 '으'와 같다	tư 뜨

nam 남		
lăm 람		
cân 껀		
me 매		
mê 메		
tai 따-이		
tay 따이		
to 또		
ôm 옴		
cơm 껌		
cum 꿈		
hư 흐		

17 Anh cho tôi chỗ cạnh cửa sổ.

A Cho tôi một vé đi ra Hà Nội.

B Vé khứ hồi hay vé một lượt?

B Tôi đi Hà Nội về.

A Anh đi Hà Nội bằng gì?

B Tôi đi Hà Nội bằng tàu hỏa.

A Anh cho tôi chỗ cạnh cửa sổ.

C Xin anh làm thủ tục kiểm tra hành lý.

발음과 성조

이중 모음

문자	예	발음
ai /아이/	ai hai	아이 하이
ia /이아/	kia thia	끼아 티아
iê /이에/	viên riêng	비엔 지엥
oa /오아/	hoa tòa	호아 또아
oă /오아/	hoặc hoãn	호악 호안
oe /오애/	toe hoe	또애 호애
ua /우아/	mua của	무어 꾸어
uâ /우어/	huân tuân	후언 뚜언
uê /우에/	quê huế	꾸에 후에
uô /우오/	uống buồn	우옹 부온
uy /우이/	huy tuy	후이 뚜이
ưa /으어/	mưa nửa	므어 느어
ươ /으어/	muốn được	모언 드억
ươi /으어이/	người cưới	응어이 끄어이
uyê /우이예/	thuyền tuyên	투이엔 투이엔

16 머리가 아파요.

A 무슨 일이에요?
B 어제 비를 맞았어요.

A 어디가 아파요?
B 머리가 아파요.

B 기침을 하고 콧물이 나요.

A 진찰 받았어요?
B 주사가 무서워서 나는 아직 먹었어요.

27개 첫 자음

문자	예		발음
b/ㅂ/	ba 바	bờ 버	성대를 떨면서 발음하는 'ㅂ'
c/ㄲ/	ca 까	cô 꼬	약하고 짧게 발음하는 'ㄲ'
ch/ㅉ/	cha 짜	chua 쭈어	약하고 짧게 발음하는 'ㅉ'
d/ㅈ/	da 자	dan 잔	혀끝을 사용하여 목구멍으로 영어의 z처럼 발음하는 'ㅈ' (남부에서는 반모음 '이'로 발음)
đ/ㄷ/	đa 다	đi 디	목구멍으로 발음하는 'ㄷ'
g/ㄱ/	ga 가	gỗ 고	목구멍으로 발음하는 'ㄱ'
gh/ㄱ/	ghi 기	ghim 김	목구멍으로 발음하는 'ㄱ'(ㅎ는 묵음)
gi/ㅈ/	gia 자	giỏi 조이	혀끝을 사용하여 목구멍으로 영어의 z처럼 발음하는 'ㅈ' (남부에서는 발음하지 않음)
h/ㅎ/	ho 호	hai 하이	목구멍으로 발음하는 'ㅎ'
k/ㄲ/	kim 낌	ki-lô 낄로	약하고 짧게 발음하는 'ㄲ'
kh/ㅋ/	khá 카	khoa 코아	ㅎ 음을 섞어 목구멍으로 발음하는 'ㅋ'
l/ㄹ/	lê 레	lông 롱	혀끝으로 발음하는 'ㄹ'
m/ㅁ/	ma 마	môi 모이	입술을 붙였다 떼서 발음하는 'ㅁ'
n/ㄴ/	na 나	non 논	혀끝을 앞니 뒤에 댓다가 발음하는 'ㄴ'

---

16 Tôi bị đau đầu.

A Anh làm sao?

B Hôm qua tôi bị mưa.

A Anh đau ở đâu?

B Tôi bị đau đầu.

B Tôi bị ho và sổ mũi.

A Anh (đã) đi khám bệnh chưa?

B Vì sợ tiêm nên tôi chỉ uống thuốc thôi.

발음과 성조

27개 첫 자음

문자	예	발음
ng/응어 ngh/응어	nga 응아 nghi 응이 nghiên 응이엔	ngu 응우	목구멍에서 마금고 발음하는 '응'
ngh/응어	nghi 응이 nghiên 응이엔		목구멍에서 마금고 발음하는 '응'(는 묶음)
nh/니으	như 니으	nhu 니우	혀끝을 입천장에 댔다가 떼면서 발음하는 '니'
p /피, 뻐/	pin 삐 또는 피 pê-đan 뻬단 또는 페단		일술을 붙였다 때며 발음하는 '피' 또는 '뻐', 첫 자음으로 'P' 단독으로는 거의 없다.
ph/피으/	pha 파	phu 푸	영어의 'f'처럼 발음하는 '피'
q/꺼/	qua 꾸아 quyến 꾸이엔		약하고 짧게 발음하는 '꺼' (남부에서는 발음하지 않음)
r/지/	ra 자	rằng 장	성대를 떨면서 혀끝을 말아 발음하는 'ㅈ' (남부에서는 영어의 'r'처럼 발음)
s/서/	sa 싸	so 쏘	혀끝을 말아 입천장에 미끌시켜 발음하는 'ㅅ'
t/떠/	tôi 또이	ta 따	약하고 짧게 발음하는 'ㄸ'
th/터/	thôi 토이	thu 투	'흥'을 섞어 혀로 발음하는 'ㅌ'
tr/쩌/	tra 짜	tre 째	혀끝을 말아 입천장에 미쳐서 발음하는 'ㅉ'
v/버/	va 바	vô 보	영어의 /v/처럼 발음하는 'ㅂ'
x/써/	xa 싸	xôi 쏘이	약하고 짧게 발음하는 'ㅆ'

---

15 저는 샛집을 보러 가요.

A 식사 후에, 저는 샛집을 보러 가요.
B 집 주변에 호수가 있어요.
B 이 집은 목재로 만들어졌어요.
B 이 집을 빌리세요!

15 Tôi đi xem nhà để thuê.

8개 끝 자음

문자	예		발음
-ch/쩌/	Kịch 끽	tách 따익	우리말 'ㄱ'음으로 발음
-c/끄/	các 깍	lúc 룩	우리말 'ㄱ'음이지만 o, ô, u와 결합하면 입을 다물고 발음
-m/머/	tôm 똠	làm 람	우리말 'ㅁ'음으로 발음
-n/너/	ăn 안	bàn 반	우리말 'ㄴ'음으로 발음
-nh/녀/	mình 민, mỉ anh 아인, 아잉		우리말 'ㄴ'음이지만 'o'발음이 첨가
-ng/응어/	nắng 낭	ông 옹	우리말 'o'음이지만 o, ô, u와 결합하면 입을 다물고 발음
-p/퍼/	hộp 홉	lớp 럽	우리말 'ㅂ'음으로 발음
-t/떠/	một 못	bát 밧	우리말 'ㅅ'음으로 발음

A Sau khi ăn cơm, tôi đi xem nhà để thuê.

B Xung quanh nhà có hồ.

B Ngôi nhà này bằng gỗ.

B Mời chị thuê nhà này!

발음과 성조

6 성조

차례	성조명	표시	예
1	Thanh ngang 타인 응앙	모음 위 아래 아무런 표시가 없음	ba ma
2	Thanh huyền 타인 후이엔	모음 위에 ˋ 표시가 있음	bà mà
3	Thanh ngã 타인 응아	모음 위에 ~ 표시가 있음	bã mã
4	Thanh hỏi 타인 호이	모음 위에 ? 표시가 있음	bả mả
5	Thanh sắc 타인 삭	모음 위에 ´ 표시가 있음	bá má
6	Thanh nặng 타인 낭	모음 아래에 . 표시가 있음	bạ mạ

14 한국으로 편지를 보내고 싶어요.

A 편지 외에도 저는 스포츠도 가지고 있어요.

B 저도 그래요.

A 이 스포츠 무게가 얼마나 나가요?

B 날이 갈수록 국제 우편 요금이 비싸지네요.

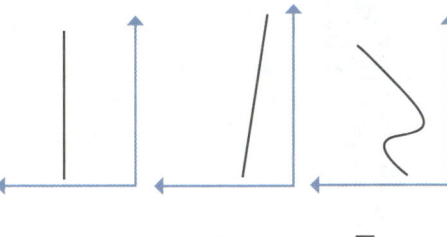

1 Thanh ngang
평평하게 발음합니다.

2 Thanh huyền
평평하게 아래로 내려서 발음합니다.

3 Thanh ngã
중간에 잠시 낮아졌다가 급격히 꺾이는 상승음으로 발음합니다.

4 Thanh hỏi
부드럽게 내려오다가 다시 처음 음조까지 올리며 발음합니다.

5 Thanh sắc
평평하게 위로 올려서 발음합니다.

6 Thanh nặng
짧게 떨어지는 처음으로 발음합니다.

14 Tôi muốn gửi thư đến Hàn Quốc.

A Ngoài thư ra, tôi cũng có bưu kiện nữa.

B Tôi cũng vậy.

A Bưu kiện này cân nặng bao nhiêu?

B Giá gửi bưu phẩm quốc tế càng ngày càng đắt.

13 메뉴를 보여주세요.

A 여기요, 메뉴를 보여주세요.
B 스프링롤 요리와 쌀국수 요리는 베트남의 특산 요리예요.

A 튀긴 스프링롤과 쇠고기 쌀국수 둘 다 주세요.
B 젓가락으로 드시나요?

A 만약 두 가지 음식을 주문하시면 손님은 오래 기다리셔야 해요.
B 오늘 손님이 붐비나요?

A 아이스티 한 잔 먼저 주세요.
B 베트남 아이스 티는 아주 써요.

CHAPTER 02

그림으로 보여주는 필수 단어

가게에서 | 입국심사대에서 | 숙소에서 | 거리에서 | 건물 | 위치
식당에서 | 음식 | 음료수 | 술/안주 | 조미료 | 식기 | 쇼핑에서
전자제품 | 잡화/일용품 | 의류 | 쇼핑에 필요한 기본 형용사
병원 | 약국에서 | 약 | 병명 | 시간 | 날짜 | 주일 | 계절 | 월
색깔 | 숫자 | 값

13 Cho tôi xem thực đơn.

A Anh ơi, cho tôi xem thực đơn.
B Món nem và món phở là món đặc sản của Việt Nam.

A Cho tôi cả món nem và lẫn món phở bò.
B Anh (có) dùng bằng đũa không?

A Nếu anh gọi hai món thì anh phải chờ lâu.
B Hôm nay (có) đông người không?

A Cho tôi một cốc trà đá trước.
B Trà đá Việt Nam chát quá.

Chapter 02-1

기내에서

Cho tôi 쪼 또이

_____ 주세요.

아래 단어를 빈칸에 넣어 보세요.

물
nước
느억

오렌지 주스
nước cam
느억 깜

맥주
bia
비아

와인
rượu vang
즈어우 방

휴지
khăn giấy
칸 져이

신문
báo
바오

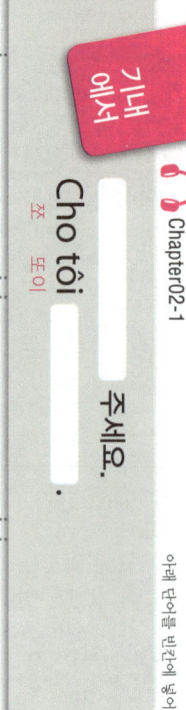

---

12 무엇을 찾아요?

A 무엇을 찾아요?
B 저는 와이셔츠를 사고 싶어요.

A 무슨 색깔을 좋아해요?
B 저는 흰색을 좋아해요.

A 모든 사람들이 흰 와이셔츠를 좋아해요.
B 매일 저는 흰 와이셔츠를 하나씩 사요.

B 얼마예요?
A 50,000동이에요.

12 Anh tìm cái gì?

Chapter 02-2

입국목적은 _____ 입니다.
Mục đích nhập cảnh là _____.

목 덥 까인 라

아래 단어를 빈칸에 넣어 보세요.

관광
du lịch
주 릭

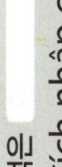
비즈니스
kinh doanh
낀 조아인

공부
học tập
홉 떱

유학
du học
주 혹

친구 방문
thăm bạn bè
탐 반 베

친척 방문
thăm họ hàng
탐 호 항

일상생활 표현

A Anh tìm cái gì?

B Tôi muốn mua một chiếc áo sơ mi.

A Anh thích màu gì?

B Tôi thích màu trắng.

A Mọi người thích mua áo sơ mi trắng.

B Mỗi tháng tôi mua một chiếc áo sơ mi trắng.

B Bao nhiêu tiền?

A Năm mươi nghìn đồng.

Chapter02-3

숙소에서

여기 어 더이
Ở đây có
있어요?
không? 꼬

텔레비전
ti vi
티 비

máy vi tính kết nối
internet
마이 비 띤 껟 노이 인떠넽
인터넷 pc

máy điện thoại
마이 디엔 토아이
전화

이불
chăn
짠

đèn điện
댄 디엔
전등

giấy vệ sinh
저이 베 신
두루마리 화장지

열쇠
chìa khóa
찌어 코아

배개
gối
고이

타올
khăn
칸

---

11 여보세요? 투 선생님 바꿔주세요.

A 여보세요, 투 선생님 좀 바꿔주세요.
B 잠깐 기다리세요. 투 선생님 밖에 나가셨어요.

A 투 선생님 핸드폰번호가 몇 번이에요?
B 투 선생님의 핸드폰번호는 090-1234-5670이에요.

A 제가 즉시 투 선생님께 전화를 걸게요.
B 투 선생님께 직접 거세요.

A 저는 투 선생님을 만나야할 필요가 있어요.
B 아마도 투 선생님은 혼자 계실 거예요.

Chapter02-4

아래 단어를 빈칸에 넣어 보세요.

이 어디에 있어요?
ở đâu ?
어   더우

치약
kem đánh răng
깸 다인 장

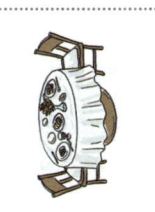
화장실
nhà vệ sinh
냐 베 신

샴푸
dầu gội đầu
저우 고이 더우

식당·호텔 로비에 있는 식당
nhà hàng
냐 항

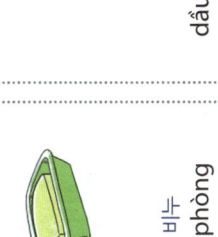
비누
xà phòng
싸 퐁

칫솔
bàn chải đánh răng
반 쟈이 다인 장

11 Alô, Cho tôi gặp thầy Thu.

A Alô, cho tôi gặp thầy Thu.

B Chờ một chút. Thầy Thu đi ra ngoài rồi.

A Số điện thoại di động của thầy Thu là số mấy?

B Số điện thoại của thầy Thu là số 090-1234-567.

A Tôi sẽ gọi điện cho thầy Thu ngay.

B Anh tự gọi (điện thoại) cho thầy Thu nhé.

A Tôi cần phải gặp thầy Thu.

B Có lẽ thầy Thu đang ở một mình.

Chapter 02-5

거리 에서

이 어디에 있어요?
nằm ở đâu?
남 어 더우

역
nhà ga
냐 가

버스정류장
bến đỗ xe buýt
벤 도 쎄 부잇

백화점
cửa hàng bách hoá
끄어 항 바익 호아

서점
nhà sách
냐 사익

화장실
nhà vệ sinh
냐 베 신

레스토랑
nhà hàng
냐 항

패스트푸드점
nhà hàng đồ ăn nhanh
냐 항 도 안 냐인

술집
Quán bar
꾸안 바

슈퍼
siêu thị
시에우 티

---

10 역사박물관 가려면 어느 길로 가야 해요?

A 역사박물관 가려면 어느 길로 가야 해요?
B 이 길을 곧장 가서 오른쪽으로 도세요.

A 여기에서 역사박물관까지 얼마나 오래 걸려요?
B 약 20분 걸려요.

A 역사박물관은 여기에서 얼마나 멀어요?
B 역사박물관은 여기에서 5킬로미터예요.

A 이 지도를 쓰세요!

Chapter 02-6

이 어디에 있어요?
nằm ở đâu?
남 어 더우

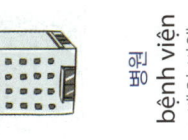

병원
bệnh viện
베인 비엔

우체국
bưu điện
브우 디엔

은행
ngân hàng
응언 항

약국
nhà thuốc
냐 투옥

카페숍
quán cà phê
꾸안 까 페

경찰서
sở cảnh sát
서 까인 삿

10 Đến viện bảo tàng lịch sử phải đi đường nào?

A Đến viện bảo tàng lịch sử, phải đi đường nào?

B Đi thẳng đường này sau đó rẽ phải.

A Từ đây đến viện bảo tàng lịch sử mất bao lâu?

B Mất khoảng hai mươi phút.

A Viện bảo tàng lịch sử cách đây bao xa?

B Viện bảo tàng lịch sử cách đây 5 km.

A Chị hãy dùng bản đồ này !

Chapter 02-7

위치 / 거리에서

아래 단어를 빈칸에 넣어 보세요.

동쪽 phía đông 	서쪽 phía tây 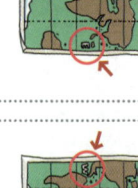	남쪽 phía nam 
북쪽 phía bắc 피어 박	앞/뒤 trước/sau 쯔억/사우 	왼쪽/오른쪽 bên trái/bên phải 벤 짜이/벤 파이
동쪽 phía đông 피어 동 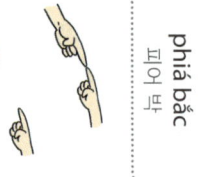	이쪽/그쪽/저쪽 bên này/bên đấy/bên kia 벤 나이/벤 더이/벤 끼어 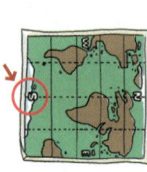	가깝다/멀다 gần/xa 건/싸  

---

09 호텔에서 일해요?

A 호텔에서 일해요?
B 호텔에서 일하는건요, 아니에요!

A 왜 호텔에서 일하지 않아요?
B 면접시험에 몇 차례 낙방해서요.

A 직원을 채용하는 호텔이 남아 있어요?
B 호텔들은 직원 채용이 끝났어요.

A 직원의 반이 여성이에요.
B 50%는 남성이에요.

Chapter02-8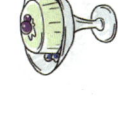

음식 식당에서

Cho tôi _____.
조 토이 주세요.

과일 hoa quả 호아 꾸아	스테이크 thịt bò bít tết 팃 보 빗 땟	햄버거 Hăm Bơ Gơ 함 버 거
요거트 sữa chua 스어 쭈어	케이크 bánh ga-tô 바인 가-또	빵 bánh mì 바인 미
쌀국수 phở 퍼	카레라이스 cơm cà ri 껌 까 리	아이스크림 kem 깸

---

09 Chị có làm việc ở khách sạn không?

A Chị có làm việc ở khách sạn không?

B Tôi có làm việc ở khách sạn đâu!

A Tại sao chị không làm việc ở khách sạn?

B Vì tôi đã trượt thi phỏng vấn mấy lần rồi.

A Có còn khách sạn nào tuyển nhân viên không?

B Các khách sạn đã tuyển xong nhân viên rồi.

A Một nửa nhân viên là phụ nữ.

B Năm mươi phần trăm là đàn ông.

Chapter 02-9 음식

식당에서

Cho tôi 쪼 또이
~ 주세요.

새우요리 món tôm 몬 똠	연어요리 món cá hồi 몬 까 호이	생선요리 món cá 몬 까

해산물요리 món hải sản 몬 하이 산	수프 súp 숩	고기 thịt 팃

 소고기
thịt bò
팃 보

 양고기
thịt cừu
팃 끄우

닭고기
thịt gà
팃 가

찰면조고기
thịt gà tây
팃 가 떠이

 돼지고기
thịt lợn
팃 런

---

08 일기예보 봤어요?

A 일기예보 봤어요?
B 일기예보에 따르면 오늘은 맑아요.

A 하노이 기온은 어때요?
B 하노이 기온은 이름다울 뿐만 아니라 견디기도 쉬워요.

A 날씨가 더울 때 뭐가 필요해요?
B 나는 수영하러 가기 위해서 수영복이 필요해요.

A 여름에 저는 안경을 쓰고 모자를 써요.
B 저는 항상수를 뿌려요.

08 Chị đã xem dự báo thời tiết chưa?

A Chị đã xem dự báo thời tiết chưa?

B Theo dự báo thời tiết, hôm nay trời nắng.

A Mùa thu ở Hà Nội thế nào?

B Mùa thu ở Hà Nội không những đẹp mà còn dễ chịu (nữa).

A Khi trời nóng, chị cần gì?

B Tôi cần áo tắm để đi bơi.

A Vào mùa hè, tôi đeo kính và đội mũ.

B Tôi xịt nước hoa.

Chapter 02-10 음료수

Cho tôi _____ 주세요.
조 ___ 도이

- 커피 cà phê 까 페
- 콜라 cô ca 꼬 까
- 코코아 nước ca cao 느억 까 까오
- 우유 sữa 스어
- 생딸기주스 sinh tố dâu 신 또 저우
- 두유 sữa đậu nành 스어 더우 나잉
- 찬가/따뜻한가 đồ uống lạnh/ đồ uống nóng 까이 라인/까이 농

Chapter 02-11 술/음주

식당에서

Cho tôi 쪼 또이

_____ **주세요.**

bia tươi 비아 뜨어이
생맥주

bia chai 비아 짜이
병맥주

rượu vang 즈어우 방
와인

rượu mạnh 즈어우 마잉
양주

---

07 실례지만, 지금 몇 시예요?

A 실례지만 지금 몇 시예요?
B 지금 4시 20분이에요.

A 언제 집에 가요?
B 저녁 7시에 집에 가요.

A 매일 당신은 몇 시에 일하러 가요?
B 매일 저는 8시에 일하러 가야 해요.

A 시간 있어요?
B 저는 저녁에만 시간이 있어요.

Chapter02-12 조미료

아래 단어를 빈칸에 넣어 보세요.

Cho tôi 쪼 또이 _____ **주세요.**

마늘 tỏi 또이
소스 nước xốt 느윽 쏫
식초 dấm 점
겨자 mù tạc 무 딱
고추 ớt 엇
후추 hạt tiêu 핫 띠에우
된장 tương 뜨엉
간장 xì dầu 씨 저우
소금 muối 무오이
설탕 đường 드엉
참기름 dầu mè 저우 매

07 Xin lỗi, bây giờ là mấy giờ?

A Xin lỗi, bây giờ là mấy giờ?
B Bây giờ là bốn giờ hai mươi phút.

A Bao giờ cô về nhà?
B Tôi về nhà lúc bảy giờ tối.

A Hàng ngày cô đi làm lúc mấy giờ?
B Hàng ngày tôi phải đi làm lúc tám giờ.

A Cô có thời gian không?
B Tôi chỉ có thời gian buổi tối thôi.

Chapter 02-13 식기

식당에서

아래 단어를 빈칸에 넣어 보세요.

Cho tôi _____ 주세요.
쪼   또이   .

- 숟가락 / thìa / 티어
- 유리컵 / cốc / 꼭
- 밥그릇 / bát / 밧
- 젓가락 / đũa / 두어
- 포크 / nĩa / 니어
- 칼 / dao / 자오
- 접시 / đĩa / 지어

06 내일은 무슨 요일이에요?

A 오늘은 며칠이에요?
B 오늘은 24일이에요.

A 내일은 무슨 요일이에요?
B 내일은 토요일이에요.

A 주말에 당신은 뭐할거예요?
B 주말에 나는 집에 있을 거예요.

A 이번 주 일요일은 제 생일이에요.
B 생일 축하해요!

🎧 Chapter02-14 전자제품

쇼핑

아래 단어를 빈칸에 넣어 보세요.

Tôi muốn _____ 을 원해요.
무온   또이

핸드폰
điện thoại di động
디엔 토아이 지 동

이어폰
tai nghe
따이 응에

노트북
máy tính xách tay
마이 띤 사익 따이

디지털 카메라
máy ảnh kỹ thuật số
마이 아인 끼 투엇 소

DVD게임 소프트
đĩa trò chơi
디어 쪼 쩌이

데스크탑 컴퓨터
máy vi tính
마이 비 띤

아이팟 mp3
ipot mp3
아이팟 엠뻬 바

영화DVD
đĩa phim
디어 핌

06 Ngày mai là thứ mấy?

A Hôm nay là ngày bao nhiêu?
B Hôm nay là ngày hai mươi bốn.

A Ngày mai là thứ mấy?
B Ngày mai là thứ bảy.

A Cuối tuần cô sẽ làm gì?
B Cuối tuần tôi sẽ ở nhà.

A Chủ nhật tuần này là sinh nhật của tôi.
B Chúc mừng sinh nhật!

Chapter 02-15 전화/일용품

05 저는 고전음악을 좋아해요.

Tôi muốn 또이 무온
___을 원해요.

시계
đồng hồ
동 호

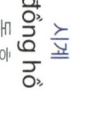
핸드폰
dây đeo di động
저이 대오 지 동

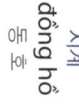
목걸이
vòng cổ
봉 꼬

안경
kính
낑

지갑
ví
비

팔찌
vòng tay
봉 따이

선글라스
kính râm
낑 점

반지
nhẫn
년

귀걸이
khuyên tai
쿠이엔 따이

A 당신의 취미는 뭐예요?
B 제 취미는 음악듣기예요.

A 어느 장르의 음악을 좋아하나요?
B 저는 고전음악을 좋아해요.

A 비록 고전음악을 좋아하지 않지만 당신과 같이 듣고 싶어요.
B 우리 고전음악을 들으러 가요.

A 다행스럽게도 저는 당신을 다시 만날 수 있어요.
B 저는 당신을 만나면서 고전음악을 듣네요.

Chapter 02-16

Tôi muốn _____ 을 원해요.
도이 무온

우산
ô

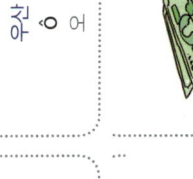
현금
tiền mặt
띠엔 맛

라이터
bật lửa
벗 르어

가방
túi xách
뚜이 싸익

담배
thuốc lá
투옥 라

호장품
mỹ phẩm
미 펌

카드
thẻ
태

---

05 Tôi thích nhạc cổ điển.

A Sở thích của anh là gì?
B Sở thích của tôi là nghe nhạc.

A Cô thích loại nhạc nào?
B Tôi thích nhạc cổ điển.

A Mặc dù không thích nhạc cổ điển nhưng tôi muốn nghe cùng cô.
B Chúng ta đi nghe nhạc cổ điển nhé.

A May mà tôi gặp lại được cô.
B Tôi vừa gặp anh vừa nghe nhạc cổ điển.

Chapter02-17 의류

쇼핑에서

Tôi muốn ___을 원해요.
또이 무은

셔츠
áo
아오

티셔츠
áo phông
아오 퐁

와이셔츠
áo sơ mi
아오 서 미

블라우스
áo cánh
아오 까인

스웨터
áo len
아오 렌

양복
áo vét
아오 벳

원피스
áo đầm
아오 덤

넥타이
cà vạt
까 밧

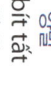
양말
bít tất
빗 떳

---

04 우리 가족 사진 볼래요?

A 우리 가족 사진 볼래?
B 네! 저는 오빠 가족 사진을 정말 보고 싶어요.

A 이 예쁜 사람은 내 아내야.
B 이 예쁜 분은 누구세요?

A 올해 내 아내는 25살이야.
B 올해 당신 부인은 몇 살이에요?

A 있어, 딸이 한 명 있어.
B 당신은 자녀가 있으세요?

04 Chị có muốn xem ảnh gia đình của tôi không?

Chapter 02-18

아래 단어를 빈칸에 넣어 보세요.

Tôi muốn _____ 을 원해요.
모이   무슨

áo khoác
아오 코악

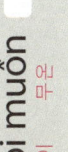
quần
꾸언

quần bò
꾸언 보

váy
바이

giày
자이

giày thể thao
자이 테 타오

mũ
무

A Chị có muốn xem ảnh gia đình của tôi không?

B Có! Tôi rất muốn xem ảnh gia đình của anh.

B Người đẹp này là ai?

A Người đẹp này là vợ của tôi.

B Năm nay vợ anh bao nhiêu tuổi?

A Năm nay vợ tôi hai mươi lăm tuổi.

B Anh đã có con chưa?

A Rồi. Tôi có một con gái rồi.

Chapter 02-19

기본 형용사

비싸다
đắt / mắc
닷/막

크다
to
또

가볍다
nhẹ
내

싸다
rẻ
재

작다
nhỏ
뇨

무겁다
nặng
낭

---

03 베트남어 어려워요?

A 베트남어 어려워요?
B 어렵지 않아요. 베트남어 재미있어요.

A 베트남 음식 어때요?
B 베트남 음식 맛있어요.

A 하노이 호텔 커요? 아니면 작아요?
B 하노이 호텔은 커요.

A 당신 베트남을 좋아하죠?
B 예, 저는 베트남을 너무 사랑해요.

기본 형용사

 길다 dài 자이	 짧다 ngắn 응안
 적다 ít 잇	많다 nhiều 니에우
 낡았다 cũ 꾸	 새롭다 mới 머이

03 Tiếng Việt có khó không?

A Tiếng Việt có khó không?
B Không khó. Tiếng Việt hay.

A Món ăn Việt Nam thế nào?
B Món ăn Việt Nam ngon.

A Khách sạn Hà Nội lớn hay nhỏ?
B Khách sạn Hà Nội lớn.

A Anh thích Việt Nam chứ?
B Vâng, tôi yêu Việt Nam lắm.

Chapter02-21 약

Tôi muốn ___ 또이 무온 ___ 을 원해요.

소독약
thuốc sát trùng
투옥 샷 쭝

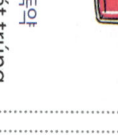
감기약
thuốc cảm
투옥 깜

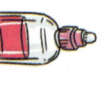
해열진통제
thuốc hạ sốt
투옥 하 솟

소화제
thuốc tiêu hoá
투옥 띠에우 호아

변비약
thuốc táo bón
투옥 따오 본

멀미약
thuốc say
투옥 사이

아스피린
thuốc aspirin
투옥 아스삐린

연고
thuốc mỡ
투옥 머

---

02 직업이 뭐예요?

A 직업이 뭐예요?
B 저는 의사예요.

A 당신은 어디에서 일해요?
B 저는 하노이 병원에서 일해요.

A 저는 호찌민 시에 살아요. 당신은요?
B 저는 여기에 살아요.

A 저는 베트남어를 공부해요.
B 그래요? 저는 한국어를 공부해요.

Chapter 02-22 병명

예문을 듣고 빈칸에 들어갈 단어를
보세요.

Tôi bị _____.
포이 비   예요.

두통 đau đầu
다우 더우

치통 đau răng
다우 장

차멀미 say xe
사이 쌔

식중독 ngộ độc thực phẩm
응오 독 틋 펌

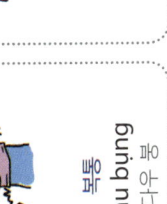
위통 đau dạ dày
다우 자 자이

생리통 đau bụng kinh
다우 붕 낀

감기 cảm
깜

복통 đau bụng
다우 붕

변비 táo bón
따오 본

02 Anh làm nghề gì?

A Anh làm nghề gì?
B Tôi là bác sĩ.

A Anh làm việc ở đâu?
B Tôi làm việc ở bệnh viện Hà Nội.

A Tôi sống ở Thành phố Hồ Chí Minh. Còn anh?
B Tôi sống ở đây.

A Tôi học tiếng Việt.
B Thế à? Tôi học tiếng Hàn.

Chapter02-23

요즘 잘 지내세요?
dạo này có khoẻ không?

친척

친척	
연세가 60이상일 때	Bà	바
연세가 40~50일 때	Chị	찌
연세가 60이상일 때	Ông	옹
연세가 40~50일 때	Anh	아인
아내나 남편의 동생	Em	엠
아내나 남편의 오빠, 형	Anh	아인
아내나 남편의 언니, 누나	Chị	찌

인사돈
바깥 사돈

자운 나이 꼬 코애 콩

01 만나서 반갑습니다.

A 안녕하세요, 선생님.
B 안녕, 애야.

A 이름이 뭐야?
B 제 이름은 보라에요.

A 만나서 정말 반가워요, 선생님.
B 신생님도 만나서 정말 반가워.

A 너는 어느 나라 사람이냐?
B 저는 한국 사람이에요.

01 Rất vui được gặp cô.

A Xin chào cô.
B Chào em.

A Tên của em là gì?
B Tên của tôi là BORA.

A Rất vui được gặp cô.
B Cô cũng rất vui được gặp em.

B Em là người nước nào?
A Tôi là người Hàn Quốc.

몇 시예요?
Mấy giờ? 머이 저

시간

시	giờ	저
한 시	một giờ	못 저
두 시	hai giờ	하이 저
분	phút	풋
초	giây	저이
오전	buổi sáng	부오이 상
오후	buổi chiều	부오이 찌에우
10초	mười giây	므어이 저이
5분	năm phút	남 풋
10분	mười phút	므어이 풋
30분	ba mươi phút	바 므어이 풋

날짜

일, 하루	ngày	응아이
오전	buổi sáng	부오이 상
오후	buổi chiều	부오이 찌에우
저녁	buổi tối	부오이 또이
밤	ban đêm	반 뎀
정오	buổi trưa	부오이 쯔어
오늘	hôm nay	홈 나이
어제	hôm qua	홈 꾸아
내일	ngày mai	응아이 마이
오늘 아침	sáng nay	상 나이
오늘 저녁	tối nay	또이 나이
오늘 밤	đêm nay	뎀 나이

Chapter02-25

주일
계절

무슨 요일이에요?
(Hôm) thứ mấy?
(홈) 특 머이

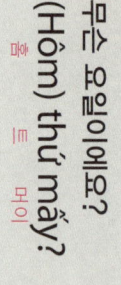

주	tuần	뚜언
일요일	(hôm) chủ nhật	(홈) 쭈 녓
월요일	(hôm) thứ hai	(홈) 트 하이
화요일	(hôm) thứ ba	(홈) 트 바
수요일	(hôm) thứ tư	(홈) 트 뜨
목요일	(hôm) thứ năm	(홈) 트 남
금요일	(hôm) thứ sáu	(홈) 트 사우
토요일	(hôm) thứ bảy	(홈) 트 바이
공휴일	ngày nghỉ	응아이 응이
이번 주	tuần này	뚜언 나이
다음 주	tuần sau	뚜언 사우
지난 주	tuần trước	뚜언 쯔억

계절	mùa	무어
봄	mùa xuân	무어 쑤언
여름	mùa hè	무어 해
가을	mùa thu	무어 투
겨울	mùa đông	무어 동

CHAPTER 03

기본 회화

Chapter02-26

몇 월이에요?
Tháng mấy ?
탕 머이

월		
월(月)	tháng	탕
1월	tháng một	탕 못
2월	tháng hai	탕 하이
3월	Tháng ba	탕 바
4월	tháng tư	탕 뜨
5월	tháng năm	탕 남
6월	tháng sáu	탕 사우
7월	tháng bảy	탕 바이
8월	tháng tám	탕 땀
9월	tháng chín	탕 찐
10월	tháng mười	탕 므어이
11월	tháng mười một	탕 므어이 못
12월	tháng mười hai	탕 므어이 하이
이번 달	tháng này	탕 나이
다음 달	tháng sau	탕 사우
지난 달	tháng trước	탕 쯔억

Chapter02-29

얼마예요?
Bao nhiêu tiền ?
바오 니에우 띠엔

값		
30	ba mươi	바 므어이
40	bốn mươi	본 므어이
50	năm mươi	남 므어이
60	sáu mươi	사우 므어이
70	bảy mươi	바이 므어이
80	tám mươi	땀 므어이
90	chín mươi	찐 므어이
100	một trăm	못 짬
1,000	một nghìn	못 응인
10,000	mười nghìn	므어이 응인
100,000	một trăm nghìn	못 짬 응인
1,000,000	một triệu	못 찌에우
1/2	một phần hai	못 펀 하이
1/3	một phần ba	못 펀 바
1/4	một phần tư	못 펀 뜨
2배	gấp hai	겁 하이
3배	gấp ba	겁 바
4배	gấp bốn	겁 본
한 번	một lần	못 런
두 번	hai lần	하이 런
세 번	ba lần	바 런
1다스	một tá	못 따
2다스	hai tá	하이 따

Chapter 02-27

Màu gì

무슨 색깔이에요?

색깔

색깔		
갈색	màu nâu	마우 너우
검은색	màu đen	마우 댄
노란색	màu vàng	마우 방
녹색	màu xanh lá cây	마우 싸인 라 까이
보라색	màu tím	마우 띰
분홍색	màu hồng	마우 홍
빨간색	màu đỏ	마우 도
오렌지색	màu cam	마우 깜
파란색	màu xanh nước biển	마우 싸인 느억 비엔
회색	màu xám	마우 쌈
흰색	màu trắng	마우 짱

Chapter 02-28

Bao nhiêu cái?

몇 개예요?
바오 니에우 까이

숫자

숫자 (Number)		
0	không	콩
1	một	못
2	hai	하이
3	ba	바
4	bốn	본
5	năm	남
6	sáu	사우
7	bảy	바이
8	tám	땀
9	chín	찐
10	mười	므어이
11	mười một	므어이 못
12	mười hai	므어이 하이
13	mười ba	므어이 바
14	mười bốn	므어이 본
15	mười lăm	므어이 람
16	mười sáu	므어이 사우
17	mười bảy	므어이 바이
18	mười tám	므어이 땀
19	mười chín	므어이 찐
20	hai mươi	하이 므어이

외국어 출판 45년의 신뢰
외국어 전문 출판 그룹
동양북스가 만드는 책은 다릅니다.

45년의 쉼 없는 노력과 도전으로 책 만들기에 최선을 다해온
동양북스는 오늘도 미래의 가치에 투자하고 있습니다.
대한민국의 내일을 생각하는 도전 정신과 믿음으로 최선을 다하겠습니다.

동양북스

동양북스 채널에서 더 많은 도서 더 많은 이야기를 만나보세요!

2 (1) Bây giờ tôi ra chợ về
   (2) Hai anh ấy đi Mỹ bằng máy bay
   (3) Cho tôi chỗ cạnh lối đi

18과

1 (1) như
   (2) trở nên
   (3) Không ai
   (4) chỗ nào cũng 또는 đâu cũng

2 지문 독해

저는 베트남 풍경, 베트남 사람 그리고 베트남 문화를 정말 사랑합니다. 업무 외에도 많은 곳을 다닐 수 있었고, 매일 베트남 사람들의 일상 생활을 접하게 되어서 저는 아주 행운아입니다. 그래서 저는 일반 여행객들보다 더 많이 베트남이란 나라를 이해할 수 있었습니다.

(1) Han-na rất yêu Việt Nam

(2) Vì ngoài công việc, Han-na đã đi được nhiều nơi, được tiếp xúc với cuộc sống hàng ngày của con người Việt Nam

문제 있어요! 정답

13과

1. (1) thực đơn
   (2) phở, đá
   (3) mặn
   (4) cay
   (5) thiếu
   (6) đầy

2. (2) (✔)
   (2) (✗) cả~lẫn 구문 → cả cam lẫn chanh
   (3) (✗) 명사+형용사 → cà phê nóng

14과

1. (1) Hye-mi, chị Hoa
   (2) đang dần dần
   (3) phố Hà Nội hiện nay đông lắm

2. (1) càng, càng
   (2) Ngoài
   (3) gửi

15과

1. (1) cạnh
   (2) Trong
   (3) trên
   (4) Đối diện

2. 지문 독해

   내가 세 들어 사는 집은 호찌민 시의 조용한 지역에 위치합니다. 집은 지어진 지 1년 됐습니다. 집에는 6개의 방이 있고 그 중에 4개에 달하는 침실이 있습니다. 각 방들은 모두 에어컨이 있습니다. 침실들은 예쁘고 화장실은 아주 넓으나 주방은 약간 좁습니다. 우리 집은 정말 훌륭하지만 방세가 약간 비쌉니다. 매달 나는 방세로 1,000달러를 지불해야 합니다.

   (1) Nhà Han-na nằm trong một khuyên tĩnh của thành phố Hồ Chí Minh
   (2) Nhà bếp thì hơi chật, phòng vệ sinh thì rất rộng
   (3) Han-na thấy nhà mình thật tuyệt vời
   (4) Han-na trả tiền thuê nhà một tháng một nghìn đô

16과

1. (1) – ⓒ
   (2) – ⓑ
   (3) – ⓓ
   (4) – ⓐ

2. (1) được → bị (주어의 입장에서 좋지 않은 경우이므로)
   (2) 원인과 결과의 위치가 바뀜 → Vì thành phố Huế đẹp nên nhiều người nước ngoài đi thăm
   (3) Tại sao 항상 문장 맨 앞에 위치 → Tại sao anh bị ốm?
   (4) 수동태 형식 주어 + bị + 주어 + 동사 → Em ấy bị cô giáo phê bình

17과

1. (1) Đặt
   (2) thị thực
   (3) khứ hồi
   (4) Xuống
   (5) Đóng

2 (1) úng
(2) ch, thô
(3) ph
(4) ôn có

8과

1 (1) để
(2) để
(3) để

2 (1) mặc
(2) bỏ
(3) đeo
(4) mũ

9과

1 (1) (✔)
(2) (✔)
(3) (✘) Tại sao 문장 맨 앞 위치해야 함
(4) (✘) 동사+xong → làm xong

2 (1) nào
(2) gì
(3) đâu
(4) ai

10과

1 (1) Từ, đến, mất
(2) cách
(3) tiếng

(4) thẳng
(5) rẽ(=quẹo)
(6) cách đây

2 (1) (✘) 주어 + hãy + 동사 → Chị hãy đi
(2) (✔)
(3) (✔)
(4) (✔)

11과

1 đấy, đây, bạn, chuyện, thời gian, tối, tối, hẹn

2 (1) - ⓔ
(2) - ⓓ
(3) - ⓖ
(4) - ⓑ
(5) - ⓕ
(6) - ⓒ
(7) - ⓐ

12과

1 (1) chiếc
(2) con
(3) quả
(4) đôi
(5) cái
(6) tờ

2 (1) (✔)
(2) (✔)
(3) (✘) Những+명사 → Những nhân viên

문제 있어요! 정답

1과

1. (1) in / cho
   (2) ấ / i / ượ / ặ / m
   (3) ô / ũ / à / ư / H / ố

2. (1) Tên tôi là ○○○
   (2) Tôi là người Hàn Quốc

2과

1. (1) Tôi là nhân viên của công ty ○○○ 또는 Tôi là sinh viên
   (2) Tôi sống ở ○○○ (○○○ 자리에 지명이름)
   (3) Có. Tôi học tiếng Việt

2. (1) bệnh viện
   (2) Cô ấy, không
   (3) không phải là

3과

1. (1) khó
   (2) mới
   (3) nóng
   (4) đẹp 또는 xinh
   (5) tử tế
   (6) giỏi

4과

1. (1) (✔)
   (2) (×) rồi → chưa로 고쳐야 함
   (3) (×) của ai가 되어야 함
   (4) (×) là가 없어야 됨

2. (1) o / ai
   (2) chư ?
   (3) a / mươ
   (4) A

5과

1. (1) (✔)
   (2) (×) Sở thích của tôi là chơi bóng bàn
   (3) (✔)
   (4) (×) Tuy ~ nhưng 용법

2. (1) ọa
   (2) ở / ích
   (3) hưn

6과

1. (1) (×) mồng가 없어야 됨
   (2) (✔)
   (3) (✔)

2. (1) ngày mồng bảy tháng sáu
   (2) Han-na lĩnh lương vào ngày mười hai
   (3) Ngày mười bảy là ngày kỷ niệm kết hôn

7과

1. (1) (×) giờ mấy → mấy giờ
   (2) (✔)
   (3) (✔)
   (4) (✔)

문제 있어요! 정답

35 비교급

① 원급 A + bằng + B 'A는 B만큼 ~하다'
　　　　띠엥　 비엣　코　 방　 띠엥　 넛
　Tiếng Việt khó bằng tiếng Nhật. 베트남어는 일본어만큼 어려워요.
　　　몬 안　비엣 남　응온　방　 몬 안　한　꾸옥
　Món ăn Việt Nam ngon bằng món ăn Hàn Quốc. 베트남 음식은 한국 음식만큼 맛있어요.

② 비교급 A + hơn + B 'A는 B보다 더 ~하다'
　　　홈　 나이 찌 오아인 부이 헌　 홈 꾸아
　Hôm nay chị Oanh vui hơn hôm qua. 오늘 오아인 씨는 어제보다 더 즐거워요.
　　 디　쌤　 핌　하이　헌　 쩌이　봉　다
　Đi xem phim hay hơn chơi bóng đá. 영화 보는 것이 축구하는 것보다 더 재미있어요.

③ 최상급 A + nhất 'A가 가장 ~하다'
　　　아인　낌　댑　 짜이　넛
　Anh Kim đẹp trai nhất. 김 씨가 가장 잘생겼어요.
　　냐　 항　 나이　상　 쫑　 넛　어 하 노이
　Nhà hàng này sang trọng nhất ở Hà Nội. 이 식당이 하노이에서 가장 고급이에요.

36 부사구

① 누구든지 (1) 의문사 Ai + cũng, (2) 명사 Người + nào + cũng
　　아이 꿍　비엣 스 텃 나이　 　응어이 나오 꿍 비엣 스 텃 나이
　Ai cũng biết sự thật này. = Người nào cũng biết sự thật này. → 누구나 이 사실을 알아요.

② 어디든지 (1) 의문사 Đâu + cũng, (2) 명사 Chỗ + nào + cũng
　　어 비엣 남　더우 꿍　 꼬 쌔 마이　 어 비엣 남 쪼 나오 꿍 꼬 쌔 마이
　Ở Việt Nam đâu cũng có xe máy. = Ở Việt Nam chỗ nào cũng có xe máy.
　→ 베트남에는 어디든지 오토바이가 있어요.

③ 언제든지 (1) Bao giờ + 주어 + cũng, (2) Lúc nào + 주어 + cũng
　　바오　 져　 쭝　 또이 꿍 갑 어 트 비엔　 룩 나오 쭝 또이 꿍 갑 어 트 비엔
　Bao giờ chúng tôi cũng gặp ở thư viện. = Lúc nào chúng tôi cũng gặp ở thư viện.
　→ 언제나 우리는 도서관에서 만나요.

④ 부정문은 뒤에 cũng을 빼고 앞에 không을 붙여 만듭니다.
　　콩　 아이　 콩　 응어이 나오　　　　　　콩　 더우　 콩　 쪼 나오
　Không ai (=Không người nào) 아무도　 Không đâu (=Không chỗ nào) 아무데도
　　콩　바오 져　 콩　 룩 나오
　Không bao giờ (=Không lúc nào) 한 번도, 결코

낱말과 표현 Sự thật (명) 사실 | Thư viện (명) 도서관

간단한 베트남어 문법

33 움직임의 방향을 나타내는 말

Lên 올라가다, Xuống 내려가다, Ra 나가다, Vào 들어가다, Qua, Sang 건너가다, 지나다

- 이 동사는 방향을 나타내는 동사로 Đi 가다, Đến 오다, Chạy 달리다, Lại 도착하다, 오다 등 움직임을 나타내는 동사와 결합 할 수 있습니다.

  홈 꾸아 보 또이 디 상 비엣 남
  Hôm qua bố tôi đi sang Việt Nam. 어제 우리 아버지는 베트남에 가셨어요.

- 남쪽에서 북쪽으로 갈 때 Ra 나가다 동사를 쓰고, 북쪽에서 남쪽으로 갈 때 Vào 들어가다(오다)동사를 씁니다.

  상 마이 또이 자 다 낭
  Sáng mai tôi ra Đà Nẵng. 내일 아침에 나는 '다낭'으로 가요.
  (지금은 '다낭'보다 아래지역에 있다는 것을 알 수 있음)

  또이 꾸아 쭝 또이 바오 냐 짱
  Tối qua chúng tôi vào Nha Trang. 어제 저녁에 우리는 '냐짱'으로 왔어요.
  ('냐짱'으로 오기 전 우리는 '냐짱'보다 윗지역에 있었다는 것을 알 수 있음)

- 방향을 나타내는 동사는 전치사와 결합해서 쓰이기도 합니다.

  렌 쩬　　　　　　　　　　　쑤옹 즈어이
  Lên trên 위로 올라가다　　　Xuống dưới 아래로 내려가다
  바오 쫑　　　　　　　　　　자 응와이
  Vào trong 안으로 들어가다　　Ra ngoài 밖으로 나가다

- 탈것을 타고 내릴 때 Lên, Xuống 동사를 사용합니다.

  렌 딱 씨 디　　　　　　　　또이 쑤옹 어 더이
  Lên tắc xi đi! 택시 타!　　　Tôi xuống ở đây. 여기에서 내려요.

34 운송수단을 나타낼 때

Bằng + 교통 수단 '~를 타고'

아인 디 람 비엑 방 지
Anh đi làm việc bằng gì? 무엇을 타고 일하러 가요?

또이 디 람 방 쌔 마이
Tôi đi làm bằng xe máy. 저는 오토바이를 타고 일하러 가요

아인 새 디 주 릭 쑤이엔 비엣 방 지
Anh sẽ đi du lịch xuyên Việt bằng gì? 무엇을 타고 베트남 횡단 여행을 할 거예요?

또이 새 디 주 릭 쑤이엔 비엣 방 따우 호아 바 쌔 부잇
Tôi sẽ đi du lịch xuyên Việt bằng tàu hỏa và xe buýt.
저는 기차와 버스를 타고 베트남 횡단 여행을 할 거예요.

낱말과 표현 Đà Nẵng (명) 다낭 (베트남 중부도시) | Nha Trang (명) 냐짱 (베트남 중남부도시) | Xuyên (동) 관통하다, 횡단하다 | Du lịch xuyên Việt (명) 베트남 횡단 여행

31 수동태의 조동사 '~하게 되다' Được 얻다 / Bị 당하다

① 주어 + Được + 동사/형용사/명사 – 주어의 입장에서 이득이 되는 경우

또이 드억 매 캔
Tôi được mẹ khen.
나는 어머니로부터 칭찬을 들었어요.

또이 드억 땅 띠엔 르엉
Tôi được tăng tiền lương.
나는 월급이 올랐어요.

② 주어 + Bị + 동사 / 형용사 / 명사 – 주어의 입장에서 좋지 않은 경우나 해가 될 때

또이 비 터이 쟈오 망
Tôi bị thầy giáo mắng.
나는 선생님으로부터 꾸중을 들었어요.

보 또이 비 꽁 안 팟 띠엔
Bố tôi bị công an phạt tiền.
우리 아버지는 경찰에게 벌금을 물렸어요.

32 상관접속사 Vì + 원인 + nên + 결과

'원인 때문에 결과 ~하다'라는 뜻입니다.

비 멧 모이 꾸아 넨 아인 어이 디 응우 섬
Vì mệt mỏi quá nên anh ấy đi ngủ sớm.
너무 피로해서 그는 일찍 자러 갔어요.

비 또이 비 니윽 더우 넨 또이 파이 디 베인 비엔
Vì tôi bị nhức đầu nên tôi phải đi bệnh viện.
두통 때문에 나는 병원에 가야 해요.

낱말과 표현 Khen (동) 칭찬하다 | Tăng lên (동) 올리다, 증가하다 | Tiền lương (명) 봉급, 월급 | Mắng (동) 꾸짖다 | Công an (명) 경찰 | Phạt (동) 벌하다, 벌금을 가하다 | Mệt mỏi (형) 피곤한 | sớm (부) 일찍 | Nhức (동) 통증을 느끼다

간단한 베트남어 문법

29 때를 나타내는 부사구

① Trước khi + 동사~ '동사 + 하기 전에~'
쯔억 키 떱 테 죽 아인 콩 넨 안 니에우
<u>Trước khi</u> tập thể dục, anh không nên ăn nhiều. 운동하기 전에, 많이 먹지 않는 게 좋아요.

② Trong khi + 동사~ '동사 + 하는 중에~'
쫑 키 쭝 또이 디 쩌이 쩌이 므어
<u>Trong khi</u> chúng tôi đi chơi, trời mưa. 우리가 놀러가는 중에, 비가 와요.

③ Sau khi + 동사~ '동사 + 한 후에~'
사우 키 디 주 릭 비엣 남 또이 틱 비엣 남 헌
<u>Sau khi</u> đi du lịch Việt Nam, tôi thích Việt Nam hơn.
베트남을 여행 한 후에, 나는 베트남이 더 좋아요.

④ Trước + 명사 '명사 전에'
쯔억 꾸옥 홉 또이 하이 깡 탕
<u>Trước</u> cuộc họp, tôi hay căng thẳng. 회의 전에, 나는 자주 긴장해요.

⑤ Trong + 명사 '명사 중에'
쫑 브어 안 또이 바 쫑 또이 노이 쮸이엔 니에우
<u>Trong</u> bữa ăn, tôi và chồng tôi nói chuyện nhiều.
식사 중에, 나와 내 남편은 많은 이야기를 해요.

⑥ Sau + 명사 '명사 후에'
사우 져 람 머이 년 비엔 꿍 디 베 냐
<u>Sau</u> giờ làm, mấy nhân viên cùng đi về nhà. 근무시간 후에, 몇몇 직원들은 같이 집에 가요.

30 재료를 나타내는 전치사

Bằng ~로 만들어지다

까이 로 호아 끼어 방 투이 띤
Cái lọ hoa kia <u>bằng</u> thủy tinh. 저 꽃병은 유리로 만들어졌어요.

찌엑 년 나이 방 방
Chiếc nhẫn này <u>bằng</u> vàng. 이 반지는 금으로 만들어졌어요.

또이 콩 틱 까이 바 리 방 바이 또이 틱 까이 바 리 방 자 헌
Tôi không thích cái va li <u>bằng</u> vải, tôi thích cái va li bằng da hơn.
나는 천으로 만들어진 여행가방을 좋아하지 않고, 가죽으로 만들어진 여행가방을 더 좋아해요.

낱말과 표현 Cuộc họp (명) 회의 | Căng thẳng (형) 긴장한 | Bữa ăn (명) 식사 | Cùng (부) 같이 |
Lọ (명) 꽃병 | Va-li (명) 여행가방

27 부사구

❶ Ngoài ~ (ra) ~외에도

<u>Ngoài</u> phim hoạt hình (<u>ra</u>), con gái tôi cũng thích xem phim kinh dị (nữa).
만화영화 외에도, 우리 딸은 공포영화 보는 것도 좋아해요.

<u>Ngoài</u> món Việt Nam (<u>ra</u>), chúng tôi cũng thích ăn món Đông Nam Á khác (nữa).
베트남 요리 외에도, 우리들은 다른 동남아시아 요리 먹는 것도 좋아해요.

❷ Ngoài ra, ~ 게다가 ~

<u>Ngoài ra</u>, Hà Nội có nhiều di tích lịch sử.
게다가, 하노이는 역사 유적지가 많이 있어요.

<u>Ngoài ra</u>, mẹ tôi mua thịt bò ở chợ Bến Thành.
게다가, 우리 어머니는 벤탄 시장에서 쇠고기를 샀어요.

28 상관접속사

❶ Càng ~càng ~할수록 더 ~하다

<u>Càng</u> sớm <u>càng</u> tốt. 빠르면 빠를수록 좋아요.

<u>Càng</u> nghe nhiều <u>càng</u> thấy thú vị hơn. 많이 들을수록 더 흥미로움을 느껴요.

❷ (Càng) ngày càng~ 날이 갈수록 ~하다

Tiếng Việt của tôi <u>càng ngày càng</u> tiến bộ. 내 베트남어가 날이 갈수록 진보해요.

Kinh tế Việt Nam <u>ngày càng</u> phát triển. 베트남 경제가 날이 갈수록 발전해요.

낱말과 표현 Phim hoạt hình (명) 만화영화 | Phim kinh dị (명) 공포영화 | Đông Nam Á (명) 동남아시아 | Di tích (명) 유적 | Lịch sử (명) 역사 | Thịt bò (명) 쇠고기 | Thấy (동) 느끼다 | Thú vị (명) 흥미로운, 재미있는 | Tiến bộ (동) 진보하다, 발달하다 | Kinh tế (명) 경제 | Phát triển (동) 발전하다

간단한 베트남어 문법

24 복수 형태

베트남어에서 복수는 Các, Những이란 단어를 명사 앞에 써서 표현합니다.

❶ Các 해당하는 모두를 가리킬 때 사용합니다.

깍 반 또이
Các bạn tôi 내 친구들 (모두)

깍 신 비엔
Các sinh viên 학생들 (모두)

❷ Những 해당하는 모두가 아닌 몇몇을 가리킬 때 사용합니다.

니응 응오이 냐
Những ngôi nhà (몇몇, 일부의) 집들

니응 반 또이
Những bạn tôi (몇몇, 일부) 내 친구들

25 상관접속사 Cả A lẫn B A와 B 둘 다

또이 무온 갑 까 꼬 하 런 꼬 흐엉
Tôi muốn gặp cả cô Hà lẫn cô Hường.
나는 하 양과 흐엉 양 둘 다 만나고 싶어요.

버 또이 비엣 너우 까 몬 비엣 남 런 몬 한 꾸옥
Vợ tôi biết nấu cả món Việt Nam lẫn món Hàn Quốc.
우리 부인은 베트남 음식과 한국 음식 둘 다 요리할 줄 알아요.

26 가정법 Nếu A thì B 만약 A하면 B한다

네우 콩 디 냐인 티 쭝 또이 녀 따우
Nếu không đi nhanh thì chúng tôi nhỡ tàu.
만약 빨리 가지 않으면 우리는 배를 놓칠 거예요.

네우 조이 티 또이 새 디 자오
Nếu rỗi thì tôi sẽ đi dạo.
만약 한가하면 나는 산책을 갈 거예요.

낱말과 표현 Ngôi (종) 집,절 앞에 붙이는 종별사 | Nhỡ (동) 놓치다 | Rỗi (형) 한가한 | Đi dạo (동) 산책하다

23 종별사의 용법

❶ 이미 정해져 있거나, 특정 사물, 사람, 동물 등의 명사 앞에 쓰일 때

특정 사실	일반적인 사실
꼰 쪼 꾸어 또이 뎁 람 Con chó của tôi đẹp lắm. → 내 강아지는 정말 예뻐요.	쪼 라 반 꾸어 응어이 Chó là bạn của người. → 강아지는 사람의 친구이에요.

❷ 숫자와 함께 쓰일 때

또이 무어 하이 꾸이엔 땁 찌
Tôi mua 2 quyển tạp chí. 나는 잡지 2권을 사요

또이 꼬 못 까이 붓
Tôi có 1 cái bút. 나는 펜 1개를 가지고 있어요.

❸ 지시사 này 이 / kia 저 / đó 그 와 함께 쓰일 때

꼰 가 나이
Con gà này 이 닭

북 트 끼어
Bức thư kia 저 편지

까이 띠 비 도
Cái ti vi đó 그 텔레비전

❹ 순서

숫자 + 종별사 + 명사 + 형용사 + 지시사	
하이 꾸아 깜 뜨어이 나이 Hai + quả + cam + tươi + này	→ 이 신선한 오렌지 2개

낱말과 표현 Tạp chí (명) 잡지 | Gà (명) 닭

간단한 베트남어 문법

21 사역동사 Cho ~시키다, 하게 하다, ~해주다

Cho + 사람 + 동사

쪼 또이 갑 찌 프엉
<u>Cho</u> tôi gặp chị Phương. 내가 프엉 씨와 만나게 해주세요. → 프엉 씨 좀 바꿔주세요. (전화상)

쪼 또이 므언 사익
<u>Cho</u> tôi mượn sách. 내가 책을 빌리게 해주세요. → 책을 빌려주세요.

쪼 또이 베 냐
<u>Cho</u> tôi về nhà. 내가 집에 가게 해주세요.

22 재귀동사 Tự ~ (lấy) 스스로, 직접 ~하다

주어 + tự + 동사 + (lấy)

또이 뜨 너우 안
Tôi <u>tự</u> nấu ăn.

또이 너우 안 러이
Tôi nấu ăn <u>lấy</u>.

또이 뜨 너우 안 러이
Tôi <u>tự</u> nấu ăn <u>lấy</u>.

→ 내가 직접 요리해요.

낱말과 표현 Mượn (동) 빌리다 | Nấu ăn (동) 요리하다

19 시간, 공간상 간격을 묻는 의문문

❶ 얼마나 오래 걸려요? Mất bao lâu?

뜨 한 꾸옥 덴 비엣 남 멋 바오 러우
Từ Hàn Quốc đến Việt Nam mất bao lâu? 한국에서 베트남까지 얼마나 오래 걸려요?

멋 코앙 본 띠엥 즈어이
Mất khoảng bốn tiếng rưỡi. 약 4시간 반 걸려요.

❷ 얼마나 멀어요? Cách~bao xa?

비엣 남 까익 한 꾸옥 바오 싸
Việt Nam cách Hàn Quốc bao xa? 베트남은 한국으로부터 얼마나 멀어요?

비엣 남 까익 한 꾸옥 바 응인 낄로멧
Việt Nam cách Hàn Quốc ba nghìn km. 베트남은 한국으로부터 3,000km에요.

20 명령문

❶ 긍정명령문 Hãy ~ đi! '~해, ~하세요'로 해석할 수 있습니다.

아인 하이 머 띠비 디
Anh hãy mở ti vi đi! 티비 켜요!

꼬 우옹 비어 디
Cô uống bia đi! 맥주 마셔!

찌 하이 응오이 쑤옹
Chị hãy ngồi xuống! 앉으세요!

❷ 부정명령문 Đừng / Chớ / Cấm '~하지마, ~하지 마세요'로 해석할 수 있습니다.

아인 등 훗 투옥 라 어 더이
Anh đừng hút thuốc lá ở đây! 여기서 담배 피우지 마세요!

깍 앰 쩌 까이 냐우
Các em chớ cãi nhau! 싸우지 마!

껌 더우 쌔
Cấm đậu xe. 주차 금지.

낱말과 표현 Tiếng (명) 시간 | Mở (동) 열다, 켜다 | Ti vi (명) 텔레비전 | Ngồi (동) 앉다 | Xuống (동) 내려가다 | Cãi (nhau) (동) 싸우다, 말다툼하다 | Cấm (동) 금지하다 | Đậu (동) 주차하다, 정차하다

 간단한 베트남어 문법

17 의문사 Tại sao와 이유를 대답하는 Vì

Tại sao 왜, Vì 왜냐하면

<u>Vì</u> tôi dậy muộn. 왜냐하면 늦게 일어나서요.
비 또이 저이 무온

Tại <u>vì</u> trời mưa. 비가 와서요.
따이 비 쩌이 므어

Bởi <u>vì</u> tôi ốm. 아파서요.
버이 비 또이 옴

18 부정(不定) 명사

'ai 누군가, gì 무엇인가, nào 어떠한 것, đâu 어딘가'는 일정하지 않은 명사로 사용되기도 합니다.

Có <u>ai</u> mệt không? 누구 피곤한 사람 있어요?
꼬 아이 멧 콩

Anh có ăn <u>gì</u> không? 뭐 좀 먹을래요?
아인 꼬 안 지 콩

Chị có muốn học bài <u>nào</u> không? 공부하고 싶은 어떤 과가 있어요?
찌 꼬 무온 혹 바이 나오 콩

Cô có đi chơi <u>đâu</u> không? 어디 놀러 갈 곳이 있어요?
꼬 꼬 디 쩌이 더우 콩

낱말과 표현 **Dậy** (동) 일어나다 | **Muộn** (형) 늦은 | **Ốm** (형) 아프다

15 날씨를 나타내는 표현

날씨를 말할 때 Trời ~라고 표현합니다.

홈 나이 쩌이 낭 꾸아
Hôm nay <u>trời</u> nắng quá! 오늘 날씨가 참 좋네요!

홈 꾸아 쩌이 꼬 죠
Hôm qua <u>trời</u> có gió. 어제는 바람이 있었어요.

응아이 마이 쩌이 므어
Ngày mai <u>trời</u> mưa. 내일은 비가 와요

무어 쑤언 쩌이 엄
Mùa xuân <u>trời</u> ấm. 봄은 날씨가 따뜻해요.

무어 해 쩌이 농
Mùa hè <u>trời</u> nóng. 여름은 날씨가 더워요.

무어 투 쩌이 맛
Mùa thu <u>trời</u> mát. 가을은 날씨가 시원해요.

무어 동 쩌이 라인
Mùa đông <u>trời</u> lạnh. 겨울은 날씨가 추워요.

16 상관접속사

Không những~ mà còn~(nữa) ~뿐만 아니라 ~하기도 하다

핌 나이 콩 니응 자이 마 꼰 짠 느어
Phim này <u>không những</u> dài <u>mà còn</u> chán (nữa).
이 영화는 길 뿐만 아니라 지루하기까지 해요.

아인 짜이 또이 콩 니응 틱 엄 낙 마 꼰 틱 테 타오 느어
Anh trai tôi <u>không những</u> thích âm nhạc <u>mà còn</u> thích thể thao (nữa).
우리 형은 음악을 좋아할 뿐만 아니라 스포츠도 좋아해요.

오 나이 콩 니응 똣 마 꼰 투언 띠엔 느어
Ô này <u>không những</u> tốt <u>mà còn</u> thuận tiện (nữa).
이 우산은 좋을 뿐만 아니라 편리하기까지 해요.

낱말과 표현 **Ấm** (형) 따뜻하다 | **Dài** (형) 길다 | **Chán** (형) 지루하다, 짜증나다 | **Âm nhạc** (명) 음악 |
Ô (명) 우산 | **Thuận tiện** (형) 편리하다

간단한 베트남어 문법

13 시간을 묻고 답하는 표현

버이 져 라 머이 져
Bây giờ là mấy giờ? 지금 몇 시예요?

버이 져 라 하이 져 하이 므어이 람 풋
Bây giờ là hai giờ hai mươi lăm phút. 지금 2시 25분이에요.

바 져 깸 므어이
Ba giờ kém mười. 3시 10분 전이에요.

둥 땀 져
Đúng tám giờ. 8시 정각이에요.

14 의문사 Bao giờ, Khi nào, Lúc nào 언제

❶ 미래의 언제를 물을 때

바오 져 아이 디 혹
Bao giờ anh đi học? 언제 학교에 가요?

키 나오 찌 안 또이
Khi nào chị ăn tối? 언제 저녁 먹어요?

❷ 과거의 언제를 물을 때

아인 디 혹 바오 져
Anh đi học bao giờ? 언제 학교에 갔어요?

찌 안 또이 룩 나오
Chị ăn tối lúc nào? 언제 저녁 먹었어요?

11 날짜, 요일을 묻고 답하는 표현

❶ 날짜를 물을 때

신 녓 꾸어 매 라 응아이 바오 니에우   응아이 몽 머이
Sinh nhật của mẹ là ngày bao nhiêu? (= ngày mồng mấy?) 어머니 생신이 며칠이에요?

응아이 몽 바
Ngày mồng ba. 3일이에요.

응아이 므어이 찐
Ngày mười chín. 19일이에요.

❷ 요일을 물을 때

응아이 도 라 트 머이
Ngày đó là thứ mấy? 그날이 무슨 요일이에요?

트 하이
Thứ hai. 월요일이에요.

12 시제 표현

과거	또이 다 안 바인 미 Tôi đã ăn bánh mì. 나는 빵을 먹었어요.
근접과거	또이 머이 브어 브어 머이 안 바인 미 Tôi mới(= vừa = vừa mới) ăn bánh mì. 나는 막, 방금 빵을 먹었어요.
현재	또이 안 바인 미 Tôi ăn bánh mì. 나는 빵을 먹어요.
현재진행	또이 당 안 바인 미 Tôi đang ăn bánh mì. 나는 빵을 먹는 중이에요.
근접미래	또이 삽 안 바인 미 Tôi sắp ăn bánh mì. 나는 곧 빵을 먹어요.
예정된 미래	또이 딘 안 바인 미 Tôi định ăn bánh mì. 나는 빵을 먹으려고 해요, 빵을 먹을 예정이에요.
미래	또이 새 안 바인 미 Tôi sẽ ăn bánh mì. 나는 빵을 먹을 거예요.

낱말과 표현 Mẹ (명) 어머니 | Bánh mì (명) 빵

 간단한 베트남어 문법

09 가벼운 알림, 권유, 제안의 표현

Nhé는 주로 문장 끝에 붙여서 친밀감을 표시합니다.

❶ 가벼운 알림의 표현

또이 디 녜
Tôi đi nhé! 저 갑니다!

또이 람 비엑 나이 녜
Tôi làm việc này nhé! 제가 이 일을 합니다!

❷ 권유나 제안의 표현

쭝 따 디 우옹 까 페 녜
Chúng ta đi uống cà phê nhé! 우리 커피 마시러 가자!

쭝 따 갑 나우 어 쯔엉 녜
Chúng ta gặp nhau ở trường nhé! 우리 학교에서 만나자!

10 상관접속사

❶ Mặc dù (Tuy)~nhưng~ 비록 ~할지라도 ~하다

막 주 멧 니응 또이 번 디 람
Mặc dù mệt nhưng tôi vẫn đi làm. 비록 피곤하지만 여전히 일하러 가요.

뚜이 콩 비엣 띠엥 비엣 니응 또이 번 갑 꼬 어이
Tuy không biết tiếng Việt nhưng tôi vẫn gặp cô ấy.
비록 베트남어를 모르지만 나는 여전히 그녀를 만나요.

❷ Vừa~vừa~ ~하면서 ~하다.

또이 브어 비엣 트 브어 녀 꼬 어이
Tôi vừa viết thư vừa nhớ cô ấy. 나는 편지를 쓰면서 그녀를 그리워해요.

반 또이 브어 혹 띠엥 비엣 브어 람 비엑
Bạn tôi vừa học tiếng Việt vừa làm việc. 내 친구는 베트남어 공부하면서 일을 해요.

낱말과 표현 Trường (명) 학교 | Mệt (형) 피곤하다 | Viết (동) 쓰다 | Thư (명) 편지

07 의문사 Ai 누구, 누구를

의문사 ai는 주격, 목적격 자리만 다를 뿐 같습니다. 단, 소유격은 'của(~의) ai'라고 합니다.

A <u>아이</u> 라 응어이 한 꾸옥
   <u>Ai</u> là người Hàn Quốc? 누가 한국사람이에요?

B 아인 낌 라 응어이 한 꾸옥
   Anh Kim là người Hàn Quốc. 김 씨가 한국 사람이에요.

A 앰 호아 무온 갑 아이
   Em Hoa muốn gặp <u>ai</u>? 호아가 누구를 만나고 싶어 해요?

B 앰 호아 무온 갑 반 짜이
   Em Hoa muốn gặp bạn trai. 호아는 남자친구를 만나고 싶어 해요.

A 까이 나이 꾸어 아이
   Cái này <u>của ai</u>? 이것은 누구의 것이에요?

B 까이 나이 꾸어 또이
   Cái này của tôi. 이것은 내 것이에요.

08 여부를 묻는 의문문

Đã~chưa? ~했어요, 아직 안 했어요?

아인 다 안 껌 쯔어
Anh <u>đã</u> ăn cơm <u>chưa</u>? 식사하셨어요?

(상대방에게 식사했는지 물어볼 때는 반드시 이 의문문을 사용합니다.)

조이 또이 다 안 껌 조이
긍정 대답 : Rồi. Tôi đã ăn cơm rồi. 네. 저 이미 식사했어요.

쯔어 또이 쯔어 안 껌
부정 대답 : Chưa. Tôi chưa ăn cơm. 아니요. 저 아직 식사 안 했어요.

※ 여기에서 đã는 생략할 수 있습니다.

간단한 베트남어 문법

05 형용사의 2가지 용법

① 일반적인 명사 뒤에서 수식하는 형용사
   - 일반 명사 다음에 오는 형용사는 수식하는 역할을 합니다.

   타인 포   뇨
   Thành phố nhỏ 작은 도시

   카익 산 꼬
   Khách sạn cổ 오래된 호텔

   꼬 가이 씬
   Cô gái xinh 예쁜 여자

   또이 꼬 냐 똣
   Tôi có nhà tốt. 나는 좋은 집을 가지고 있어요.

② 동사 역할을 하는 형용사 - 특정 명사 뒤에 오는 형용사는 동사 역할을 합니다.

   타인   포   하 노이 댑
   Thành phố Hà Nội đẹp. 하노이 시는 아름다워요.

   카익   산   힐뚠   닷
   Khách sạn Hilton đắt. 힐튼 호텔은 비싸요.

   띠엥 비엣 투 비
   Tiếng Việt thú vị. 베트남어는 흥미로워요.

06 정도를 나타내는 부사

Rất / Lắm / Quá '아주, 매우, 정말'의 뜻을 가진 말로서 위치가 중요합니다.

① Rất + 형용사
   버 또이 젓 짬 찌
   Vợ tôi rất chăm chỉ. 우리 부인은 정말 열심히 하네요.

② 형용사 + Lắm
   쫑   또이 르어이 람
   Chồng tôi lười lắm. 우리 남편은 정말 게을러요.

③ 형용사 + Quá
   반 또이 똣 꾸아
   Bạn tôi tốt quá. 내 친구는 정말 좋아요

④ Quá + 형용사 (Quá가 형용사 앞에 위치할 때는 '너무, 정도가 지나친'의 의미를 가지고 있습니다)
   아인 낌   꾸아 쟈
   Anh Kim quá già. 김 씨는 너무 늙었어요.

낱말과 표현 Già (형) 늙다

03 동사 술어문 주어 + 동사 + 목적어를 기본으로 하고 있습니다.

❶ 긍정문 주어 + 동사 + 목적어

또이 혹 띠엥 비엣
Tôi học tiếng Việt. 저는 베트남어를 공부해요.

또이 베 냐
Tôi về nhà. 저는 집으로 돌아가요(와요).

❷ 부정문 주어 + không + 동사 + 목적어

또이 콩 혹 띠엥 비엣
Tôi không học tiếng Việt. 저는 베트남어를 공부하지 않아요.

또이 콩 베 냐
Tôi không về nhà. 저는 집으로 돌아가지(오지) 않아요.

❸ 의문문 주어 + (có) + 동사 + 목적어 + không? ('주어가 동사 ~ 합니까?'로 해석)

아인 꼬 혹 띠엥 비엣 콩
Anh (có) học tiếng Việt không? 당신은 베트남어를 공부해요?

꼬 꼬 베 냐 콩
Cô (có) về nhà không? 당신은 집으로 돌아가요(와요)?

04 의문사 Gì 무엇 đâu 어디

문장 끝에 위치하여 묻습니다.

찌 혹 지
❶ Chị học gì? 당신은 무엇을 공부해요?

또이 혹 띠엥 비엣
Tôi học tiếng Việt. 저는 베트남어를 공부해요.

찌 혹 어 더우
❷ Chị học ở đâu? 당신은 어디에서 공부해요?

또이 혹 어 냐
Tôi học ở nhà. 저는 집에서 공부해요.

간단한 베트남어 문법

01 Là ~이다

'A=B이다'의 동사 술어문으로 주어 + là + 보어가 기본이 됩니다.

❶ 긍정문 주어 + là + 보어

또이 라 신 비엔
Tôi là sinh viên. 저는 학생이에요.

또이 라 년 비엔
Tôi là nhân viên. 저는 회사원이에요.

❷ 부정문 주어 + không phải là + 보어

또이 꽁 파이 라 자오 비엔
Tôi không phải là giáo viên. 저는 선생님이 아니에요.

또이 꽁 파이 라 응어이 비엣 남
Tôi không phải là người Việt Nam. 저는 베트남 사람이 아니에요.

❸ 의문문 주어 + là + 보어, + phải không?

아인 라 응어이 한 꾸옥 파이 콩
Anh là người Hàn Quốc, phải không? 오빠(형)은 한국 사람이죠?

꼬 라 자오 비엔 파이 콩
Cô là giáo viên, phải không? 아가씨는 선생님이죠?

02 부사 Cũng

'~도 역시, 또한'의 뜻으로, 반드시 동사나 형용사 앞에 위치해야 합니다.

또이 꽁 라 응어이 한 꾸옥
Tôi cũng là người Hàn Quốc. 저도 역시 한국 사람이에요.

찌 꽁 라 신 비엔 파이 콩
Chị cũng là sinh viên, phải không? 언니도 역시 학생이죠?

낱말과 표현 Sinh viên (명) (대)학생 | Nhân viên (명) 직원, 회사원 | Giáo viên (명) 선생님

간단한 베트남어 문법

Part01 문법 01-02
Part02 문법 03-04
Part03 문법 05-06
Part04 문법 07-08
Part05 문법 09-10
Part06 문법 11-12
Part07 문법 13-14
Part08 문법 15-16
Part09 문법 17-18
Part10 문법 19-20
Part11 문법 21-22
Part12 문법 23-24
Part13 문법 25-26
Part14 문법 27-28
Part15 문법 29-30
Part16 문법 31-32
Part17 문법 33-34
Part18 문법 35-36

문제 있어요!

Exercices

1 다음 빈칸에 알맞은 단어를 채워 넣으세요.

(1) 오늘은 어제만큼 더운가요?
　　Hôm nay trời có nóng _____ hôm qua không?

(2) 베트남 경제 사정은 더 좋아질 거예요.
　　Tình hình kinh tế ở Việt Nam sẽ _____ tốt hơn.

(3) 아무도 내 마음을 몰라요.
　　_____ biết tấm lòng của tôi.

(4) 당신과 함께라면 어디든지 갈 수 있어요.
　　Đi _____ được, miễn là tôi ở với anh.

2 다음 한나 씨의 글을 읽고 물음에 답하세요.

> Tôi rất yêu phong cảnh, con người và văn hoá Việt Nam. Tôi là người may mắn vì ngoài công việc, tôi đã đi được nhiều nơi , được tiếp xúc với cuộc sống hàng ngày của con người Việt Nam. Vì thế, tôi hiểu được đất nước Việt Nam nhiều hơn những người du lịch bình thường.

(1) Han-na có thích Việt Nam không?
　　_____

(2) Tại sao Han-na thấy rằng mình là người may mắn?
　　_____
　　_____
　　_____

새로운 낱말과 표현

Tình hình (명) 사정, 상황
Kinh tế (명) 경제
Tấm lòng (명) 마음, 기분
Miễn là (접) 만약 ~하는 한
Con người (명) 사람의 총칭, 인간
Văn hóa (명) 문화
Công việc (명) 일, 업무
Nơi (명) 장소
Tiếp xúc (동) 접촉하다
Cuộc sống (명) 생활, 삶
Đất nước (명) 나라, 국토
Người du lịch (명) 여행객

Conversation

A   Anh có biết núi nào cao nhất ở Việt Nam không?

B   Đó là núi Phan – xi – pan cao 3,142 mét.

A   Tôi muốn thăm lại Việt Nam để leo núi này.

B   Ai cũng tò mò về núi này.

A   Ngày mai thời tiết sẽ trở nên xấu.

B   Chúc có về nước bình an!

A 베트남에서 가장 높은 산이 어떤 산인지 아세요?
B 그것은 3,142미터인 판씨빤 산이에요.
A 저는 이 산을 오르러 다시 베트남을 방문하고 싶어요.
B 누구나 이 산에 대해 궁금해해요.
A 내일 날씨가 나빠 질 거예요.
B 귀국 잘 하세요!

패턴회화 4

A Ngày mai thời tiết sẽ trở nên xấu.
  응아이 마이 터이 띠엣 새 쩌 넨 써우
  내일   날씨   ~것이다 ~가 되다 나쁜

내일 날씨가 나빠질 거예요.

B Chúc cô về nước bình an!
  쭉 꼬 베 느억 빈 안
  축원하다 당신 귀국하다 평안

귀국 잘 하세요!

낱말과 표현

Về nước (동) 귀국하다
Bình an (명) 평안, 편안
Tính cách (명) 성격

옆길 보시죠!

★ **Trở nên**

'~가 되다'라는 뜻입니다. Trở thành 역시 '~가 되다'라는 뜻입니다. 어떻게 다를까요?

(1) Trở nên + 형용사
    쩌 넨

  · Tính cách của anh ấy trở nên hiền.
    띤 까익 꾸어 아인 어이 쩌 넨 히엔
    그의 성격이 착해졌어요.

(2) Trở thành + 명사
    쩌 타인

  · Tôi đã trở thành bác sĩ.
    또이 다 쩌 타인 박 시
    나는 의사가 되었어요.

패턴회화 3

Pattern 3

B Ai cũng tò mò về núi này.
아이 꿍 또 모 베 누이 나이
누구 역시 궁금하다 ~에 대해 산 이

누구나 이 산에 대해 궁금해해요.

열길 보시죠!

★ **Ai** 의

'누구'라는 인칭대명사지만 Cũng '역시, 또한'이라는 단어와 결합하면,'누구든지, 어디든지, 언제든지'라는 뜻이 됩니다.

그럼, 살펴봅시다

(1) 의문사 Ai (아이) '누구'
            Đâu (더우) '어디'   } + Cũng (꿍)
            Bao giờ (바오 져) '언제'

(2) 명사 + nào cũng (나오 꿍)

- Ai cũng 누구든지 = Người nào cũng 누구든지 (어떤 사람이든지)
  Sinh viên nào cũng 학생 누구든지
- Đâu cũng 어디든지 = Chỗ nào cũng 어떤 곳이든지
  Ở Hà Nội chỗ nào cũng có cây. 하노이에서 어떤 곳이든지 나무가 있어요.
- Bao giờ cũng 언제든지 = Lúc nào cũng 언제든지 (어느 때이든지)
  Bao giờ tôi cũng nhớ quê. 언제나 나는 고향이 그리워요.
  Lúc nào tôi cũng nhớ quê. 어느 때이든지 나는 고향이 그리워요.

부정을 나타낼 때 '아무도, 아무데도, 한 번도'

※ Không (콩) + 의문사 (Ai / Đâu / Bao giờ)

- Không ai 아무도 = Không người nào 아무도 (어떤 사람도)
- Không đâu 아무데도 = không chỗ nào 아무데도 (어떤 곳도)
- Không bao giờ 한 번도 = không lúc nào 한 번도 (결코)

낱말과 표현

Tò mò (형) 호기심 많은, 궁금한
Sinh (명) 학생
Chỗ (명) 곳
Cây (명) 나무
Lúc (명) 때
Quê (명) 고향

패턴회화 2

Pattern 2

A Tôi muốn thăm lại Việt Nam để leo núi này.
또이 무온 탐 라이 비엣 남 데 레오 누이 나이
나 원하다 방문하다 다시 베트남 ~하기 위해서 오르다 산 이

저는 이 산을 오르러 다시 베트남을 방문하고 싶어요.

여길 보시죠!

낱말과 표현

- Muốn (형) 원하다, 소망하다
- Đọc (동) 읽다
- Quyển sách (명) 책
- Tại sao (부) 왜, 무엇 때문에
- Như thế (부) 그처럼, ~처럼
- Bài (명) 기사
- Chưa (부) 아직
- Hiểu (동) 이해하다

★ **Lại** (동)(부)

동사로서 '오다, 도착하다', 부사로서 '다시, 또' 등의 뜻을 가지고 있습니다. 게다가 Lại는 몇 개의 전혀 다른 문법적 역할을 하기도 합니다.

■ 동사 '오다'의 Lại (來) (동사니까 동사 자리에 위치)
  - Mời chị lại nhà. 우리 집에 오세요.
    머이 찌 라이 나

■ '다시 한 번 더' 반복의 Lại (동사 뒤 위치)
  - Tôi muốn đọc lại quyển sách này. 나는 이 책을 다시 한 번 더 읽고 싶어요.
    또이 무온 독 라이 꾸이엔 사익 나이

■ 어떤 행동을 '재개하다'의 Lại (동사 앞 위치)
  - Ngày mai tôi lại đọc quyển sách này. 내일 나는 이 책을 다시 읽을 거예요.
    응아이 마이 또이 라이 독 꾸이엔 사익 나이

■ 어떤 일이 예상과 반대로 일어나 '놀람'의 Lại (동사 앞 위치)
  - Tại sao anh lại nói như thế? 왜 그렇게 말해요? (그렇게 말해서 놀람)
    따이 사오 아인 라이 노이 니으 테

■ 되풀이하는 Đi ~ lại
  - Tôi đọc đi đọc lại bài báo này nhưng tôi chưa hiểu.
    또이 독 디 독 라이 바이 바오 나이 니응 또이 쯔어 히에우
    나는 이 기사를 몇 번이고 읽었지만 아직 이해가 안가요.

패턴회화 1

Pattern 1

A **Anh có biết núi nào cao nhất ở Việt Nam không?**
아인 꼬 비엣 누이 나오 까오 녓 어 비엣 남 콩
당신 알다 산 어떤 높은 가장 ~에서 베트남

베트남에서 가장 높은 산이 어떤 산인지 아세요?

B **Đó là núi Phan – xi – pan cao 3,142 mét.**
도 라 누이 판 씨 빤 까오 바응인못짬본므어이하이 멧
그것 ~이다 산 판-씨-빤 높이 3,142 미터

그것은 3,142미터인 판씨빤 산이에요.

열길 보시죠!

★ **Nhất** 부 '가장, 제일'이란 뜻의 최상급 표현입니다.

베트남어로 원급, 비교급, 최상급 표현들을 살펴봅시다.

원급 **Bằng** ~ 만큼
방
· **Anh trẻ bằng anh Su-min.**
  아인 째 방 아인 수 민
  당신은 수민 씨만큼 젊네요.

비교급 **Hơn** ~ 보다 더
헌
· **Chị Hoa đẹp hơn chị Kim.**
  찌 호아 댑 헌 찌 낌
  호아 씨가 김 씨보다 더 예뻐요.

최상급 **Nhất** 가장, 제일 (=**hơn hết**, **hơn cả**)
녓 헌 헷 헌 까
· **Anh Kim học giỏi nhất trong lớp học.**
  아인 낌 혹 죠이 녓 쫑 럽 혹
  김 씨가 반에서 제일 공부를 잘해요.
· **Cô ấy cao hơn hết.**
  꼬 어이 까오 헌 헷
  그녀는 가장 키가 커요.

낱말과 표현

Cao (형) 키가 큰, 높은
Trong (부) ~사이에
Trẻ (형) 젊다
Lớp học (명) 교실, 수업

PART 18

Anh có biết núi nào cao nhất ở Việt Nam không?

베트남에서 가장 높은 산이 어떤 산인지 아세요?

"비교급, 대명사"

베트남의 교통

교통수단

베트남의 주요 교통수단은 오토바이이다. 베트남에 가면 일단 그 장엄한 오토바이 행렬에 아마 입이 저절로 벌어질 것이다. 아직 사회간접시설이 제대로 갖추어지지 않은 길고 좁은 나라 베트남에서 오토바이는 그야말로 빠르고 편리한 교통수단이라고 볼 수 있다. 버스도 있지만 배차간격이 길고 느리며, 택시는 기본 요금이 비싸서 거의 이용하지 않는다. 그리고 현재, 지하철 완공 예정 중에 있다.

또한 '쎄 옴'이라는 오토바이 택시가 있는데 보통 오토바이 안장 위에 앉아서 신문을 보거나 누워서 자는 사람들이 오토바이 택시 기사들이며 목적지를 말하고 돈을 흥정하면 목적지로 데려다 주곤 한다. 오토바이 천국 베트남은 오토바이 사고도 많이 나서 2007년 12월부터 모든 오토바이 운전자들이 헬멧을 반드시 착용하도록 법으로 정하기도 했다.

베트남의 열차 이용 방법

베트남은 열차이용시설이 제법 잘 되어있는 편이다. 북부지방에서 남부 호찌민 시까지 48시간 걸려서 가지만 소프트베드와 에어컨이 딸린 침대방도 있어서 여유롭게 여행을 하고자 하는 배낭여행객들에게 인기만점이다. 우선 역으로 가서 기차 시간표를 보고 목적지를 말하고 안내원에게 돈을 지불하면 바로 표를 살 수 있다.

세계 어느 기차역이나 마찬가지로 베트남 기차역 역시 늘 사람들로 붐비므로 환불이나 표를 바꾸기 복잡하고 인색하므로 웬만하면 한 번 끊은 기차표대로 이동하는 편이 낫다. 그리고 giường mềm(즈엉 멤)이라고 하면 소프트베드를 말하므로 장시간 기차를 타야할 경우 꼭 소프트베드 표를 사길 추천한다.

1 다음 빈칸에 적당한 단어를 써넣으세요.

> Đóng　　　Khứ hồi　　　Thị thực　　　Đặt　　　Xuống

(1) 비행기표를 예약하다.　　　_____ vé máy bay.

(2) 비자를 연장하다.　　　Gia hạn _____.

(3) 왕복표　　　Vé _____.

(4) 배에서 내리다.　　　_____ tàu thủy.

(5) 짐을 싸다.　　　_____ va li.

2 다음 문장을 베작해보세요.

(1) 지금 시장에 갔다 왔어요.
　　_____

(2) 그 두 사람은 비행기로 미국에 갔어요.
　　_____

(3) 통로 좌석으로 주세요.
　　_____

새로운 낱말과 표현

Đặt (동) 예약하다
Gia hạn (동) 연장하다
Đóng (동) 싸다, 꾸리다
Va li (명) 작은 짐(슈트케이스)

회화 / Conversation

A   Cho tôi một vé đi ra Hà Nội.

B   Vé khứ hồi hay vé một lượt?

B   Tôi đi Hà Nội về.

A   Anh đi Hà Nội bằng gì?

B   Tôi đi Hà Nội bằng tàu hỏa.

A   Anh cho tôi chỗ cạnh cửa sổ.

C   Xin anh làm thủ tục kiểm tra hành lý.

A 하노이 가는 표 한 장 주세요.
B 왕복표요? 아니면 편도표요?
B 나는 하노이에 갔다가 왔어요.
A 뭐 타고 하노이에 가요?
B 저는 기차로 하노이에 가요.
A 창가 자리로 주세요.
C 짐 보안검사 수속을 밟으세요.

패턴회화 4

A Anh cho tôi chỗ cạnh cửa sổ.
　　아인　쪼　또이　쪼　까인　끄어 소
　　당신　주다　나　자리　옆에　창문

창가 자리로 주세요.

C Xin anh làm thủ tục kiểm tra hành lý.
　　씬　아인　람　투 뚝　끼엠 짜　하인 리
　　하세요　당신　하다　수속　검사하다　짐

짐 보안검사 수속을 밟으세요.

옆길 보시죠!

낱말과 표현

Hàng không (명) 항공
Xách tay (동) 손으로 가지고 다니다
Phiếu (명) 표, 용지, 증서
Lối đi (명) 통로
Thắt (동) 매다
Chặt (형) 탄탄한, 빈틈없는
Dây (명) 줄
An toàn (형) 안전한

★ **Cửa sổ** (명) 창문

Cửa는 '문'이라는 뜻으로 Đóng cửa '문을 닫다', Mở cửa '문을 열다'라는 뜻입니다.

★ **Thủ tục** (명) '수속, 절차'라는 뜻으로 Làm thủ tục하면 '수속을 밟다'라는 뜻입니다.

공항이나 비행기에서 주로 쓰이는 용어들을 살펴봅시다.

- Thị thực 비자 (최근에는 VISA라는 말을 바로 사용하기도 합니다)
　티　특
- Hộ chiếu 여권
　호　찌에우
- Hàng không Việt Nam 베트남항공
　항　콩　비엣　남
- Hành lý xách tay 기내용 짐
　하인 리 싸익 따이
- Phiếu lên máy bay 탑승권
　피에우 렌 마이 바이
- Chỗ cạnh cửa sổ 창가 좌석
　쪼　까인 끄어 소
- Chỗ cạnh lối đi 통로 좌석
　쪼　까인 로이 디
- Thuế quan 세관
　투에　꾸안
- Cất cánh 이륙하다 ⇔ Hạ cánh 착륙하다
　껏　까인　　　　　　하 까인
- Thắt chặt dây an toàn 안전 벨트를 단단히 매다
　탇 짣 저이 안 또안

178

Pattern 3

패턴회화 3

	아인	디	하 노이	방	지
A	Anh	đi	Hà Nội	bằng	gì?
	당신	가다	하노이	로(으로)	무엇

뭐 타고 하노이에 가요?

	또이	디	하 노이	방	따우 호아
B	Tôi	đi	Hà Nội	bằng	tàu hỏa.
	나는	가다	하노이	로(으로)	기차

나는 기차로 하노이에 가요.

역길 보시죠!

★ **Anh đi Hà Nội bằng gì?**

'뭐 타고 하노이에 가요?' 교통수단을 묻는 말입니다.

★ **Bằng** 전

앞서 공부했듯이, '~으로 만들어지다'라는 뜻으로 재료를 나타낼 때도 쓰였죠? '~을 타고'라는 운송수단을 나타내는 말에 있어서도 역시 bằng 단어를 사용합니다.

- 아인 어이 다 디 후에 방 마이 바이
  Anh ấy đã đi Huế bằng máy bay. 그는 비행기로 후에에 갔었어요.
- 아인 안 콩 틱 디 방 따우 투이
  Anh An không thích đi bằng tàu thủy. 안 씨는 배로 가는 것을 좋아하지 않아요.

그러나, Bằng 단어는 생략하기도 합니다.

- 아인 어이 다 디 방 마이 바이 바오 후에
  Anh ấy đã đi (bằng) máy bay vào Huế. 그는 비행기로 후에에 갔어요.
- 아인 안 콩 틱 디 방 따우 투이
  Anh An không thích đi (bằng) tàu thủy. 안 씨는 배로 가는 것을 좋아하지 않아요.

기본 운송 수단을 알아봅시다.

- 쌔 르어 / 따우 호아
  Xe lửa (남부) / **Tàu hỏa** (북부) 기차
- 따우 투이 / 투이엔
  Tàu thủy 배, 함선　**Thuyền** 작은 배, 돛단배
- 마이 바이 / 쌔 마이
  Máy bay 비행기　**Xe máy** 오토바이
- 씩 로 / 쌔 답
  Xích lô 씨클로　**Xe đạp** 자전거
- 쌔 오 또 / 쌔 부읫
  Xe ô tô 자동차　**Xe buýt** 버스
- 쌔 디엔 응엄 / 디 보 / 또이 디 보 베 냐
  Xe điện ngầm 지하철　**Đi bộ** 걷다 (* **Tôi đi bộ về nhà.** 나는 걸어서 집에 가요.)

17과 창가 자리로 주세요. **177**

패턴회화 2

또이 디 하 노이 베
B Tôi đi Hà Nội về.
나   가다   하노이   돌아가다(오다)
나는 하노이에 갔다 왔어요.

역길 보시죠!

★ **Đi ~ về** '~ 갔다 왔어요' 두 개의 문장이 하나로 요약된 형태입니다.

또이 디 하 노이
· Tôi đi Hà Nội. 나는 하노이에 갔어요.
또이 베
· Tôi về. 나는 돌아왔어요.
또이 디 하 노이 베
→ Tôi đi Hà Nội về. 저는 하노이 갔다 왔어요.

또 다른 예를 들어 볼까요?

앰 디 더우 베
A Em đi đâu về?
어디 갔다가 왔어?

또이 디 닷 카익 산 베
B Tôi đi đặt khách sạn về.
호텔 예약하러 갔다 왔어요. (Tôi đi đặt khách sạn + Tôi về)

또이 디 갑 반 짜이 베
A Tôi đi gặp bạn trai về.
남자친구 만나러 갔다 왔어요. (Tôi đi gặp bạn trai+Tôi về)

낱말과 표현

Đặt (동) 예약하다

Pattern 1

역길 보시죠!

그럼, 움직임의 방향을 나타내는 말들을 살펴봅시다.

- Lên 올라가다 ^렌
- Xuống 내려가다 ^{쑤옹}
- Ra 나가다 ^자
- Vào 들어가다(오다) ^{바오}
- Qua / Sang 건너가다, 지나다 ^{꾸아 / 상}

위의 단어들은 Đi '가다', Đến '오다, 도착하다', Chạy '달리다' 등의 동사와 결합하기도 합니다.

- Cô giáo vào trường = Cô giáo đi vào trường.
  선생님이 학교로 들어와요.

한편, 위의 방향을 나타내는 동사는 전치사와 결합해서 쓰이기도 합니다.

- Lên trên 위로 올라가다
- Xuống dưới 아래로 내려가다
- Vào trong 안으로 들어오다
- Ra ngoài 밖으로 나가다

Lên 올라가다, Xuống 내려가다 : '타다, 내리다'의 뜻을 가지기도 합니다.

- Lên tàu hỏa. 기차를 타다.
- Xuống máy bay. 비행기에서 내리다.

낱말과 표현

Tàu hỏa (명) 기차 (북부)
　　　　(=Xe lửa 〈남부〉)
Máy bay (명) 비행기

17과 창가 자리로 주세요.

패턴회화 1

A Cho tôi một vé đi ra Hà Nội.
쪼 또이 못 배 디 자 하 노이
주다 나 1 표 가다 나가다 하노이

하노이 가는 표 한 장 주세요.

B Vé khứ hồi hay vé một lượt?
배 크 호이 하이 배 못 르엇
표 왕복 아니면 표 편도

왕복표요? 아니면 편도표요?

여길 보시죠!

★ Cho tôi ~
'나에게 ~을 주세요' 주다 동사 Cho를 사용해서 말합니다.

★ Vé (명) '표'라는 뜻입니다.

- Vé khứ hồi (명) 왕복표 (=Vé hai chiều)
- Vé một lượt (명) 편도표 (=Vé một chiều)

~ đi ra Hà Nội '하노이 가는 ~' 베트남은 남부지방에서 북부지방으로 올라갈 때 'Ra 나가다' 동사를 사용하고 반대로 북부지방에서 남부지방으로 내려올 때 'Vào 들어가다(오다)' 동사를 사용합니다. 그래서 이 문장에서도 지금 말하는 사람이 하노이 시보다 아래지방에서 표를 구한다는 것을 알 수 있습니다.
예를 들면,

- Tuần trước bố mẹ tôi vào Thành Phố Hồ Chí Minh.
  뚜언 쯔억 보 매 또이 바오 타인 포 호 찌 민
  지난주 우리 부모님은 호찌민 시로 가셨어요.
  (호찌민 시보다 윗 지방에서 호찌민 시로 내려갔음)

- Cuối tháng này tôi muốn bay ra Hà Nội.
  꾸오이 탕 나이 또이 무온 바이 자 하 노이
  이 달 말에 나는 하노이로 (날아)가고 싶어요.
  (하노이 시보다 아래지방에서 하노이로 올라갔음)

PART 17

Anh cho tôi chỗ cạnh cửa sổ.

창가 자리로 주세요.

"방향을 나타내는 동사"

쉬어가기

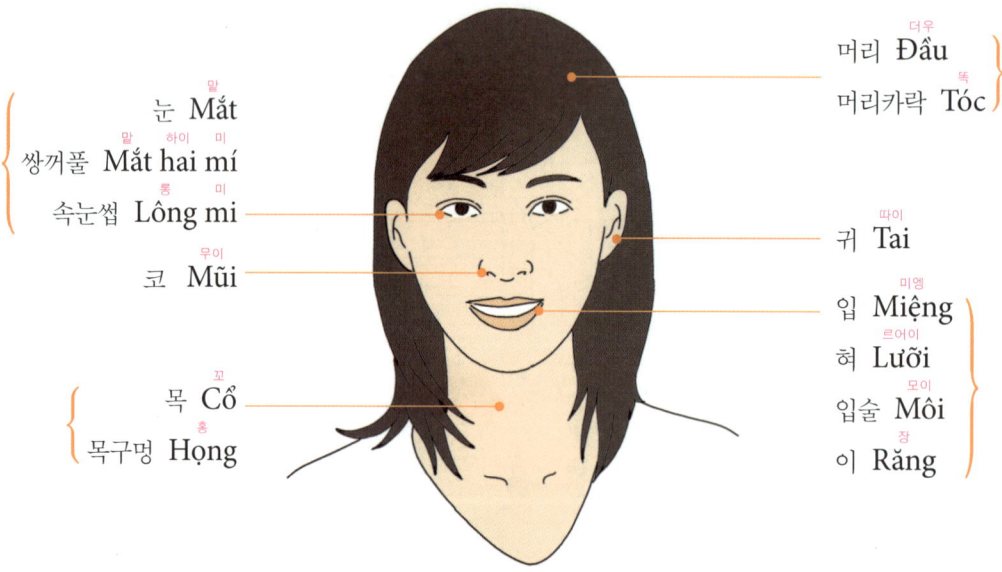

눈 Mắt (맡)
쌍꺼풀 Mắt hai mí (맡 하이 미)
속눈썹 Lông mi (롱 미)
코 Mũi (무이)

목 Cổ (꼬)
목구멍 Họng (홍)

머리 Đầu (더우)
머리카락 Tóc (똑)

귀 Tai (따이)

입 Miệng (미엥)
혀 Lưỡi (르어이)
입술 Môi (모이)
이 Răng (장)

신체의 일부

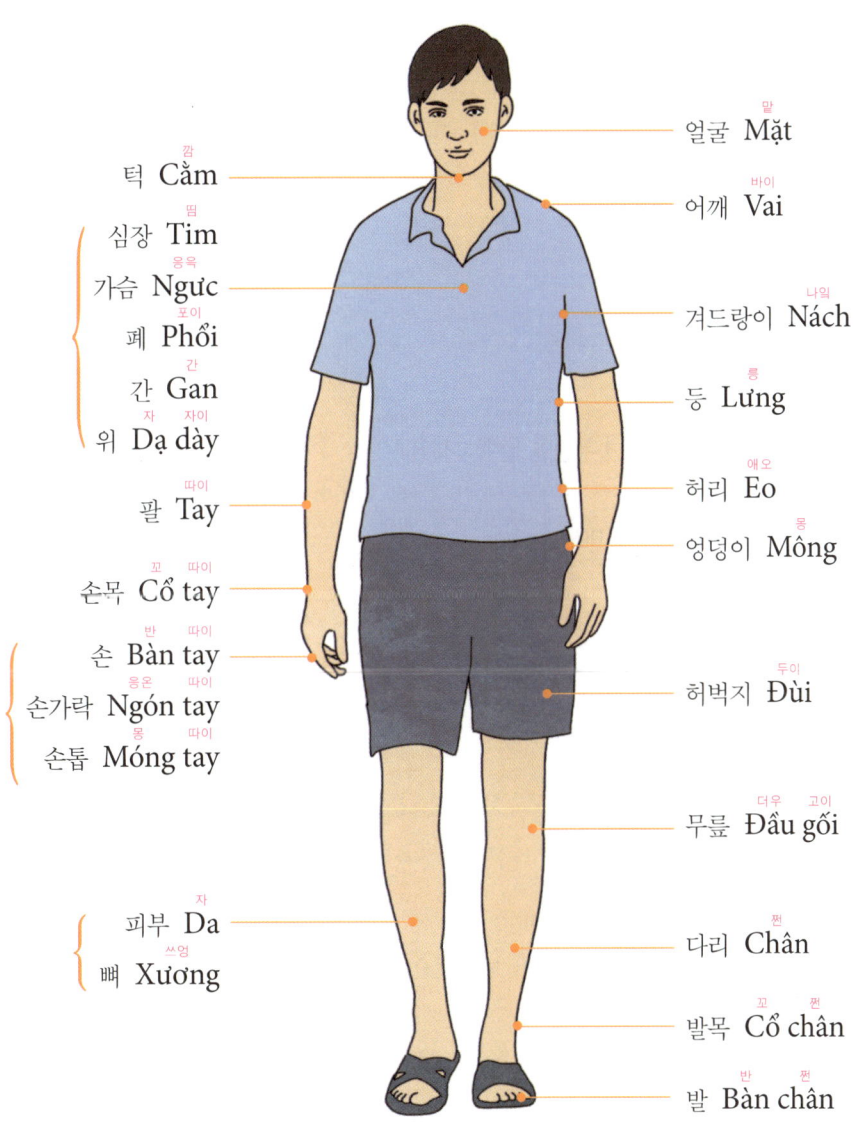

턱 Cằm
심장 Tim
가슴 Ngực
폐 Phổi
간 Gan
위 Dạ dày
팔 Tay
손목 Cổ tay
손 Bàn tay
손가락 Ngón tay
손톱 Móng tay

피부 Da
뼈 Xương

얼굴 Mặt
어깨 Vai
겨드랑이 Nách
등 Lưng
허리 Eo
엉덩이 Mông
허벅지 Đùi
무릎 Đầu gối
다리 Chân
발목 Cổ chân
발 Bàn chân

 **Exercices**

1 뜻이 일치하는 두 문장을 찾아 연결해보세요.

(1) 시간이 없어서 병원에
    갈 수 없어요. •   • ⓐ Tôi được đi du lịch

(2) 열이 나요. •   • ⓑ Tôi bị sốt

(3) 어제 돈을 잃어버렸어요. • • ⓒ Vì không có thời gian nên không thể đi
                                 bệnh viện

(4) 여행가게 됐어요. •   • ⓓ Hôm qua tôi bị mất tiền

2 다음 문장을 읽고 틀린 부분을 말해보세요.

(1) Tôi được đau bụng.
    배가 아파요.

(2) Vì nhiều người nước ngoài đi thăm nên thành phố Huế đẹp.
    후에 도시는 아름다워서 많은 외국인들이 방문해요.

(3) Anh bị ốm tại sao?
    왜 아파요?

(4) Em ấy bị phê bình cô giáo.
    걔는 선생님으로부터 비판을 받았어요.

새로운 낱말과 표현

Sốt (형) 열이 있는
Mất (동) 잃다
Phê bình (동) 비판하다

 회화 **Conversation**

A Anh làm sao?

B Hôm qua tôi bị mưa.

A Anh đau ở đâu?

B Tôi bị đau đầu.

B Tôi bị ho và sổ mũi.

A Anh (đã) đi khám bệnh chưa?

B Vì sợ tiêm nên tôi chỉ uống thuốc thôi.

A 무슨 일이에요?
B 어제 비를 맞았어요.
A 어디가 아파요?
B 머리가 아파요.
B 기침을 하고 콧물이 나요.
A 진찰 받았어요?
B 주사가 무서워서 나는 약만 먹었어요.

패턴회화 4

Pattern 4

아인   다   디   캄   베인   쯔어
A Anh (đã) đi khám bệnh chưa?
　 당신　　　　가다　 진찰하다
진찰 받았어요?

　　비　서　띠엠　넨　또이　찌　우옹　투옥　토이
B Vì sợ tiêm nên tôi chỉ uống thuốc thôi.
　 왜냐하면 무서운 주사 그래서 나 단지 약을 먹다 ~뿐
주사가 무서워서 나는 약만 먹었어요.

여길 보시죠!

낱말과 표현

Chia tay (동) 헤어지다
Bạn trai (명) 남자친구
Buồn (형) 슬프다, 우울하다
Ốm nặng (형) 심하게 아픈
Lo (형) 근심하다,
　　 ~대해 걱정스럽다

★ **Anh đi khám bệnh chưa?**
'진찰 받았어요?' 걱정하듯 묻는 질문입니다.

★ **Khám bệnh** (동) 진찰하다

★ **Vì ~ nên~** '~해서 ~하다' 라는 뜻입니다.
같은 뜻으로 Tại vì ~ nên~ = Bởi vì ~ nên~ 이 있습니다.

　　비 쩌이 라인 넨 쭝 또이 콩 디 쩌이 드억
· Vì trời lạnh nên chúng tôi không đi chơi được.
날씨가 추워서 우리는 놀러 못 가요.

　　따이 비 찌어 따이 버이 반 짜이 넨 또이 부온
· Tại vì chia tay với bạn trai nên tôi buồn.
남자친구와 헤어져서 슬퍼요.

　　버이 비 매 옴 낭 넨 또이 로 꾸아
· Bởi vì mẹ ốm nặng nên tôi lo quá.
어머니가 심하게 아프셔서 너무 걱정이에요.

★ **Uống thuốc** (동)
'약을 먹다'라는 뜻입니다. Uống은 원래 '마시다'라는 뜻이지만, '약을 먹다'라고 표현할 때는 Uống thuốc이라고 합니다.

Pattern 3

또이 비 호 바 소 무이
B Tôi bị ho và sổ mũi.
  나 당하다 기침이 나다 그리고 콧물이 나오다
기침을 하고 콧물이 나요.

낱말과 표현

Bệnh (명) 병
Ốm (형) 아픈
Khó (형) 어렵다, 힘들다, 곤란하다
Thở (동) 숨쉬다
Chóng mặt (동) 현기증이 나다, 어지럽다
Nôn (동) 토하다
Bị thương (동) 상처를 입다
Khám bệnh (동) 진찰하다
Cảm (동) 감기 들다
Ung thư (명) 암
Dị ứng (명) 알레르기
Ngộ độc thức ăn (명) 식중독

여길 보시죠!

베트남어로 여러 가지 아픈 증상에 대해 살펴볼까요?

- 또이 비 베인 / 또이 비 옴
  Tôi bị bệnh. / Tôi bị ốm. 병이 났어요.
- 비 코 터
  Bị khó thở. 숨쉬기가 힘들어요.
- 비 쫑 맛
  Bị chóng mặt. 어지러워요.
- 비 부온 논
  Bị buồn nôn. 구역질이 나요.
- 비 다우 붕
  Bị đau bụng. 배가 아파요.
- 비 트엉 어 쩐
  Bị thương ở chân. 다리를 다쳤어요.
- 디 캄 베인
  Đi khám bệnh. 진찰받으러 가요.
- 비 깜
  Bị cảm. 감기에 걸렸어요.
- 비 베인 웅 트
  Bị bệnh ung thư. 암에 걸렸어요.
- 비 지 응
  Bị dị ứng. 알레르기가 있어요.
- 비 응오 독 특 안
  Bị ngộ độc thức ăn. 식중독에 걸렸어요.

패턴회화 2

Pattern 2

아인 다우 어 더우
A Anh đau ở đâu?
당신 아픈 어디
어디가 아파요?

또이 비 다우 더우
B Tôi bị đau đầu.
나 당하다 아픈 머리
머리가 아파요.

여길 보시죠!

★ **Anh đau ở đâu ?**
'어디가 아파요?'라는 뜻으로 상대방에게 어디가 아프냐고 묻는 질문입니다.

꼬 다우 어 더우
· Cô đau ở đâu? 어디가 아파요?

★ **Tôi bị đau +** (신체부위)
어디가 아프냐는 질문에 대답할 때 쓰는 표현입니다.

또이 비 다우 장
· Tôi bị đau răng. 이가 아파요
또이 비 다우 쩐
· Tôi bị đau chân. 다리가 아파요
또이 비 다우 꼬
· Tôi bị đau cổ. 목이 아파요.

낱말과 표현

Chân (형) 다리
Cổ (의) 목

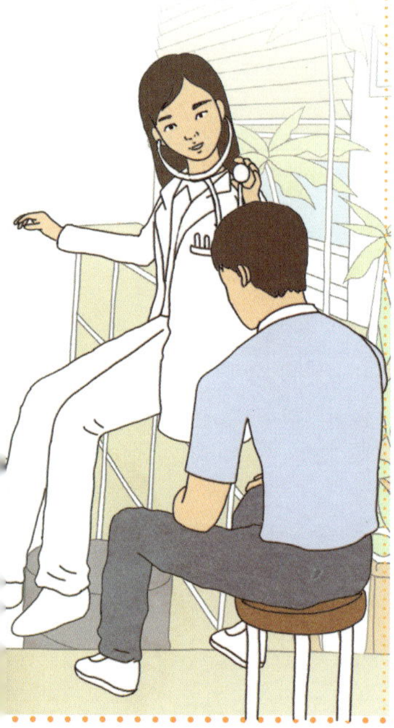

Pattern 1

패턴회화 1

A Anh làm sao?
　　아인　람　사오
　　당신　　어째서…
무슨 일이에요?

B Hôm qua tôi bị mưa.
　　홈　꾸아　또이　비　므어
　　어제　　나　당하다　비
어제 비를 맞았어요.

역길 보시죠!

낱말과 표현

Tai nạn (명) 사고, 재난
Giao thông (명) 교통
Răng (명) 이
Mời (동) 초대하다
Nghỉ hè (명) 여름방학

★ **Anh làm sao**

직역 하면 '당신 어째서, 어떻게…?'이지만 관용적으로 '무슨 일이에요?'라는 표현으로 쓰입니다.

★ **Bị** 동

'불쾌하거나 재난의 일을 당하다'라는 뜻으로 수동태의 조동사입니다. 주어 바로 뒤에 위치하여 주어의 입장에서 불리한 경우나 좋지 않은 경우에 쓰입니다.

- Tôi bị tai nạn giao thông.　나는 교통 사고를 당했어요.
  또이 비 따이 난 자오 통
- Tôi bị đau răng.　나는 이가 아파요
  또이 비 다우 장

또 다른 수동태의 조동사로 Được이 있습니다. '얻다, 손에 쥐다'라는 동사의 뜻으로 쓰이거나 주어 바로 뒤에 와서 주어의 입장에서 이익이 되는 경우에 쓰입니다.

- Hôm qua tôi được giấy mời.　어제 나는 초대장을 받았어요.
  홈 꾸아 또이 드억 져이 머이
- Chúng tôi được nghỉ hè.　우리는 여름방학을 했어요.
  쭝 또이 드억 응이 해

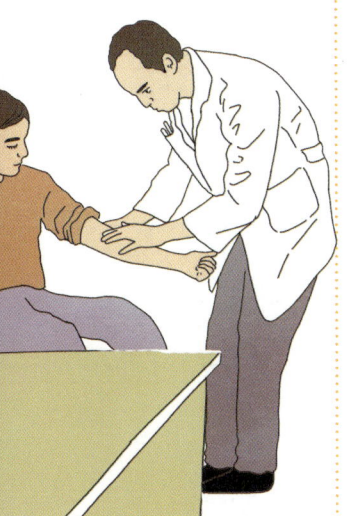

PART 16

Tôi bị đau đầu.

머리가 아파요.

"수동태의 조동사"

문제 있어요!

Exercices

1 다음 빈칸에 알맞은 단어를 골라 넣으세요.

| Đối diện | Trên | Cạnh | Trong |

(1) 호아 씨는 창문 옆에 앉아 있어요. → Chị Hoa ngồi _____ cửa sổ.

(2) 서랍 속에는 종이가 몇 장 있어요. → _____ ngăn kéo có mấy tờ giấy.

(3) 지도 두 개가 벽에 걸려있어요. → Hai cái bản đồ treo _____ tường.

(4) 샤워실 맞은 편에 세탁기 한 대가 있어요.
→ _____ phòng tắm có một cái máy giặt.

2 다음 한나 씨의 집 설명을 읽고 물음에 답하세요.

> Nhà tôi thuê nằm trong một khu yên tĩnh của thành phố Hồ Chí Minh. Ngôi nhà xây được một năm rồi. Trong nhà có 6 phòng trong đó có tới 4 phòng ngủ. Tất cả các phòng đều có máy lạnh. Các phòng ngủ thì đẹp, phòng vệ sinh rất rộng nhưng nhà bếp lại hơi chật. Ngôi nhà tôi ở thật tuyệt vời nhưng giá thuê nhà hơi cao. Mỗi tháng tôi phải trả 1000đô tiền thuê nhà.

(1) Nhà Han-na nằm ở đâu? 한나집은 어디에 위치해 있어요?

(2) Nhà bếp và phòng vệ sinh của Han-na thế nào? 한나의 주방과 화장실은 어때요?

(3) Han-na thấy nhà mình thế nào? 한나는 자신의 집을 어떻게 생각해요?

(4) Han-na trả tiền thuê nhà một tháng bao nhiêu tiền?
한나는 한 달에 얼마를 집세로 내나요?

새로운 낱말과 표현

Ngăn kéo (명) 서랍	Khu (명) 구역	Điều hòa (명) 에어컨 (북부)	Tuyệt vời (부) 대단히, 극히
Bản đồ (명) 지도	Yên tĩnh (형) 고요한, 조용한	Nhà bếp (명) 주방	Tiếc (형) 아쉬운, 유감스러운
Treo (동) 걸다	Xây (동) 건축하다, 세우다	Nhà vệ sinh (명) 화장실	Trả (동) 지불하다
Phòng tắm (명) 샤워실	Phòng ngủ (명) 침실	Chật (형) 좁은	Từng (부) ~ 마다
Máy giặt (명) 세탁기	Máy lạnh (명) 에어컨 (남부)	Rộng (형) 넓은	

 회화 **Conversation**

A Sau khi ăn cơm, tôi đi xem nhà để thuê.

B Xung quanh nhà có hồ.

B Ngôi nhà này bằng gỗ.

B Mời chị thuê nhà này!

A 식사 후에 저는 셋집을 보러 가요.
B 집 주변에 호수가 있어요.
B 이 집은 목재로 만들어졌어요.
B 이 집을 빌리세요!

패턴회화 4

Pattern 4

>   머이   찌   투에   냐   나이
> B Mời chị thuê nhà này!
>   ~하세요 당신 빌리다   집   이
>
> 이 집을 빌리세요!

여길 보시죠!

★ **Mời** '초대하다' 뜻을 가진 동사로서 상대방을 초대하는 상황일 때 '~하세요'라고 해석하시면 됩니다.
   　　　머이 아인 바오
   • Mời anh vào! 들어오세요!

※ 공손한 부탁, 요구 등을 할 때의 표현을 살펴봅시다. 앞서 우리는 간단한 명령형으로 말하는 방법을 익혔었죠? 이번에는 공손하고 예의 있는 표현을 익혀 보도록 합시다.

　　　　　씬   씬 머이
• **Xin, Xin mời**: '부디 제발' 영어의 please라고 생각하시면 됩니다.
   　　　씬 아인 쩌 못 띠
   → Xin anh chờ một tí! (부디) 조금 기다려주세요!

　　　대 응이
• **Để nghị**: '제안하다'라는 뜻을 가진 동사로서 어떤 일을 제안할 때 사용합니다.
   　　　대 응이 아인 임 랑
   → Để nghị anh im lặng! 조용히 해주세요!

　　　람 언
• **Làm ơn**: 누군가에게 부탁을 할 때 예의 있게 사용하는 표현입니다.
   　　　찌 람 언 줍 또이
   → Chị làm ơn giúp tôi. 나를 도와주세요.

　　　쪼
• **Cho (phép)**: 누군가의 허락, 허가를 구할 때 사용하는 표현입니다.
   　　　아인 쪼 팹 또이 디 꾸아
   → Anh cho (phép) tôi đi qua. 내가 지나가게 해주세요.

　　　이에우
• **Yêu cầu**: '요구하다'라는 뜻을 가진 동사로서 요구나 요청을 할 때 사용하는 표현입니다.
   　　　매 또이 이에우 꺼우 앰 또이 디 쩌
   → Mẹ tôi yêu cầu em tôi đi chợ. 우리 어머니는 내 동생이 시장에 가는 것을 요구했어요.

낱말과 표현

Im lặng (형) 조용한
Qua (동) 건너다, 지나가다
Chợ (형) 시장

15과 저는 셋집을 보러 가요.

패턴회화 3

Pattern 3

B Ngôi nhà này bằng gỗ.
   (응오이) (냐) (나이) (방) (고)
   집   이   ~로 만들어지다 목재

이 집은 목재로 만들어졌어요.

역길 보시죠!

★ **Bằng** '~로 만들어지다'라는 뜻입니다.

• Cái cốc này **bằng** nhựa.
  (까이) (꼭) (나이) (방) (니으어)
  이 컵은 플라스틱으로 만들어졌어요.

• Cái ví này **bằng** da.
  (까이) (비) (나이) (방) (자)
  이 지갑은 가죽으로 만들어졌어요.

낱말과 표현

Ví (명) 지갑

다른 재료들을 살펴봅시다.

Vải (바이)	직물, 천	Lụa (루어)	비단
Da (자)	가죽	Kim loại (낌 로아이)	금속
Nhựa (니으어)	플라스틱	Vàng (방)	금
Thủy tinh (투이 띤)	유리	Bạc (박)	은
Giấy (져이)	종이	Gạch (가익)	벽돌
Gỗ (고)	목재	Xi măng (씨 망)	시멘트
Pha lê (파 레)	수정	Đá (다)	돌
Sứ (스)	도자기	Thép (탭)	강철
Bông (봉)	면	Sơn mài (선 마이)	칠기

패턴회화 2

Pattern 2

> **B** Xung quanh nhà có hồ.
>   쑹   꾸아인   냐   꼬   호
>   주변에   집   있다 호수
>
> 집 주변에 호수가 있어요.

엿길 보시죠!

★ **Xung quanh** 〔전〕 '~둘레에, 주변에'라는 뜻입니다.

또 다른 베트남어 전치사를 살펴봅시다.

Trên (쩬)	~위에	Trên tường (쩬 뜨엉) 벽에 Trên bàn (쩬 반) 책상 위에
Dưới (즈어이)	~아래에	Dưới ghế (즈어이 게) 의자 아래에
Trong (쫑)	~안에	Trong phòng (쫑 퐁) 방 안에
Ngoài (응와이)	~밖에	Ngoài vườn (응와이 브언) 정원에
Trước (쯔억)	~앞에 ~전에	Trước nhà (쯔억 냐) 집 앞에 Trước giờ học (쯔억 져 혹) 수업 시간 전에
Sau (사우)	~뒤에 ~후에	Sau nhà (사우 냐) 집 뒤에 Sau giờ học (사우 져 혹) 수업 시간 뒤에
(Bên) cạnh (벤 까인)	~옆에	(Bên) cạnh cửa sổ (벤 까인 끄어 소) 창문 옆에
Giữa (즈어)	~사이에 ~중앙에	Giữa anh và tôi (즈어 아인 바 또이) 당신과 나 사이에 Giữa thành phố (즈어 타인 포) 도심 중앙에
Xung quanh (쑹 꾸아인)	~둘레에, ~주변에	Xung quanh công viên (쑹 꾸아인 꽁 비엔) 공원 주변에
Đối diện (도이 지엔)	~맞은 편에	Đối diện bệnh viện (도이 지엔 벤 비엔) 병원 맞은 편에
Chéo (쩨오)	~대각선에	Chéo ngân hàng (쩨오 응언 항) 은행 대각선 쪽에

※ 위와 같은 전치사 뒤에 반드시 **명사**가 와야 합니다.

낱말과 표현

Tường (명) 벽
Bàn (명) 책상
Ghế (명) 의자
Phòng (명) 방
Vườn (명) 정원
Giờ học (명) 수업 시간
Cửa sổ (명) 창문
Công viên (명) 공원
Ngân hàng (명) 은행

15과 저는 셋집을 보러 가요.

패턴회화 1

A Sau khi ăn cơm, tôi đi xem nhà để thuê.
    사우 키   안 껌   또이 디 쌤   냐   데   투에
    ~한 후에 먹다 밥 나 가다 보다 집 ~하기 위해 빌리다

식사 후에 저는 셋집을 보러 가요.

여길 보시죠!

★ **Sau** (나중, 뒤, 후) + **khi** (할 때)

→ Sau khi + 동사 (부) '~한 후에'라는 뜻을 가지는 부사구입니다.

• **Sau khi** gặp bạn gái, tôi về nhà. 여자친구 만난 후에, 나는 집에 돌아가요.
• Tôi hay đi dạo **sau khi** ăn trưa. 점심 먹은 후에, 나는 자주 산책을 가요.

때를 나타내는 부사구를 더 살펴볼까요?

• **Trước khi** '~하기 전에'

→ Anh nên ăn sáng **trước khi** đi làm. 일하러 가기 전에 아침을 먹는 것이 좋겠어요.
→ **Trước khi** đi ngủ, chị làm gì? 자러 가기 전에, 무엇을 해요?

• **Trong khi** '~하는 중에'

→ Tôi không nói **trong khi** đang ăn cơm. 밥 먹는 중에 나는 말을 하지 않아요.
→ **Trong khi** học tiếng Việt, chúng tôi rất tập trung.
    베트남어 공부 중에, 우리는 매우 집중해요.

낱말과 표현

Thuê (동) (요금을 내고) 빌리다, (사람을) 고용하다
Đi dạo (동) 산책하나
Đi ngủ (동) 자러 가다
Tập trung (동) 집중하다

PART 15

Tôi đi xem nhà để thuê.

저는 셋집을 보러 가요.

"전치사"

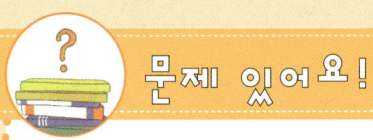

Exercices

1 다음 편지글을 읽고 물음에 답하세요.

> Chị Hoa thân mến
> Tôi muốn viết thư cho chị nhiều lần rồi nhưng tôi bận quá. Tôi ở Việt Nam một tháng rồi và tôi đang dần dần làm quen với cuộc sống ở đây. Tôi ở một khách sạn nhỏ gần Hồ Tây. Mỗi ngày tôi phải đi xe đạp đến trường. Trước, tôi sợ đi xe đạp vì phố Hà Nội đông lắm nhưng bây giờ tôi không sợ nữa.
> Chị có khoẻ không? Thôi, tôi xin ngừng bút ở đây. Mong nhận thư của chị sớm.
> Thân Hye-mi.

(1) Ai viết thư cho ai? 누가 누구에게 편지를 써요?
_____ viết thư cho _____

(2) Hye-mi đã làm quen với cuộc sống ở Việt Nam chưa?
혜미는 베트남 생활에 익숙해졌어요?
Hye-mi _____ làm quen với cuộc sống ở Việt Nam.

(3) Tại sao trước đây Hye-mi sợ đi xe đạp?
왜 전에 혜미는 자전거로 가는 것을 무서워했어요?
Vì _____

2 빈칸에 알맞은 단어를 써서 문장을 완성해보세요.

(1) 값이 쌀수록 좋아요.
→ _____ gía rẻ _____ tốt.

(2) 소설외에도, 시를 읽는 것도 좋아해요.
→ _____ tiểu thuyết, tôi cũng thích đọc thơ.

(3) 냐짱으로 편지 한 통을 부치고 싶어요.
→ Tôi muốn _____ một bức thư đến Nha Trang.

새로운 낱말과 표현

Thân mến (형) 친애하는
Dần dần (부) 차차, 점차
Làm quen (동) 익숙해지다
Cuộc sống (명) 생활, 삶
Sợ (형) 두려운, 무서운
Ngừng (동) 정지하다, 멈추다
Mong (동) 바라다
Nhận (동) 받다

 회화 **Conversation**

A Ngoài thư (ra), tôi cũng có bưu kiện nữa.

B Tôi cũng vậy.

A Bưu kiện này cân nặng bao nhiêu?

B Giá gửi bưu phẩm quốc tế càng ngày càng đắt.

A 편지 외에도 저는 소포도 가지고 있어요.
B 저도 그래요.
A 이 소포는 무게가 얼마나 나가요?
B 날이 갈수록 국제 우편 요금이 비싸지네요.

 **패턴회화 4** Pattern 4

B **Giá** **gửi** **bưu phẩm** **quốc tế** **càng ngày** **càng đắt.**
쟈   그이   브우 펌   꾹 떼   깡 응아이   깡 닷
가격 보내다 우편물   국제   날이 갈수록   비싸다

날이 갈수록 국제 우편 요금이 비싸지네요

여길 보시죠!

★ **Càng~ càng~**
'~하면 할수록 더 ~하다'라는 뜻으로 동사 앞에 위치합니다.
예를 들어 볼까요?

- **Chúng tôi càng học nhiều càng biết nhiều.**
  쭝 또이 깡   혹   니에우   깡   비엣 니에우
  우리는 많이 공부할수록 많이 알아요.

- **Cô ấy càng nhìn càng xinh.**
  꼬 어이 깡   닌   깡   씬
  그녀는 보면 볼수록 예뻐요.

한편, (Càng) ngày càng~ 관용적으로 '날이 갈수록 ~하다'라는 의미로 쓰입니다.

- **Vé máy bay càng ngày càng đắt.**
  배 마이 바이 깡   응아이   깡   닷
  비행기표가 날이 갈수록 비싸져요.

- **Trời (càng) ngày càng nóng.**
  쩌이   깡   응아이   깡   농
  날씨가 날이 갈수록 더워져요.

낱말과 표현

Nhìn (동) 쳐다보다, 보다
Xinh (형) 예쁘다, 귀엽다
Vé (명) 표
Máy bay (명) 비행기
Trời (명) 날씨

패턴회화 3   Pattern 3

A   Bưu kiện này cân nặng bao nhiêu?
    브우   끼엔   나이   껀 낭   바오 니에우
    소포   이   무게가 나가다   얼마나 많이

이 소포는 무게가 얼마나 나가요?

여길 보시죠!

★ **Cân nặng** (동) 무게가 나가다

우체국에서 살 수 있는 것들을 살펴볼까요?

- Tem 우표
- Bưu ảnh 엽서
- Phong bì 봉투
- Báo và tạp chí 신문과 잡지
- Giấy viết thư 편지지
- Thẻ điện thoại 전화카드

베트남 우체국에서 사용하는 표현들을 한 번 알아봅시다.

- Ở gần đây có bưu điện không?
  이 근처에 우체국이 있어요?
- Có phải chuyển phát nhanh không?
  속달이에요?
- Tôi gửi theo cách bình thường.
  보통으로 보내요.
- Thư đi Hàn Quốc mất hai tuần.
  한국으로 가는 편지는 2주 걸려요.
- Cho tôi một cái tem thư quốc tế.
  국제우편 우표 하나 주세요.
- Ở đây có dịch vụ gửi Fax không?
  여기에 팩스 보내는 서비스가 있어요?
- Gửi thư đến Hàn Quốc giá bao nhiêu tiền?
  한국으로 보내는 편지는 값이 얼마예요?

낱말과 표현

- Gần đây (부) 가까이에, 최근에
- Bưu điện (명) 우체국
- Phát (동) 발하다
- Chuyển (동) 건네주다
- Nhanh (형) 빠르다
- Theo (부) ~에 따라
- Cách (명) 방법
- Bình thường (부) 보통
- Mất (동) (시간이) 걸리다
- Quốc tế (명) 국제
- Dịch vụ (명) 서비스
- Giá (명) 가격

150

패턴회화 2

Pattern 2

B Tôi cũng vậy.
또이 꿍 버이
나 역시 그러한
저도 그래요.

옆길 보시죠!

낱말과 표현

Âm nhạc (명) 음악
Vào (동) 들어오다, 들어가다
Cô giáo (명) 여 선생님
Lớp học (명) 교실, 수업
Chào (동) 인사하다
Thường (형) 보통, 대게
Sai (형) 틀리다

★ Tôi cũng vậy. '저도 그래요'

Vậy (=Thế) '그렇게, 그런'이라는 뜻으로 앞에서 나온 말의 반복을 피하기 위해서 사용하는 단어입니다. 예를 들면,

- Mẹ tôi thích âm nhạc. / Tôi cũng vậy (= Tôi cũng thích âm nhạc).
  매 또이 틱 엄 낙   또이 꿍 버이   또이 꿍 틱 엄 낙
  우리 어머니는 음악을 좋아해요. / 나도 그래요(= 나도 음악을 좋아해요).

- Hôm nay trời mưa. / Vì vậy, (= Vì trời mưa) chúng tôi phải ở nhà.
  홈 나이 쩌이 므어   비 버이   비 쩌이 므어   쭝 또이 파이 어 냐
  오늘은 비가 와요. / 그래서(= 비가 와서) 우리는 집에 있어야 해요.

또한 vậy / thế는 như 혹은 cũng과 결합하기도 합니다. 그러면 như vậy, như thế 또는 cũng vậy, cũng thế가 되겠죠? 뜻은 '그렇게, 그런'으로 모두 같습니다.

- Anh vào lớp học không chào cô giáo. Làm như thế là sai.
  아인 바오 럽 혹 콩 짜오 꼬 자오 람 니으 테 라 사이
  (= Làm không chào cô giáo)
     람 콩 짜오 꼬 자오
  당신은 선생님께 인사 없이 교실로 들어왔어요. 그렇게 하는 것은 틀린 거예요.

- Anh Trung thường đi xem phim. Tôi cũng thế.
  아인 쭝 트엉 디 쌤 핌 또이 꿍 테
  (= Tôi cũng thường đi xem phim)
     또이 꿍 트엉 디 쌤 핌
  쭝 씨는 보통 영화 보러 가요. 나도 그래요(= 나도 보통 영화 보러 가요).

14과 한국으로 편지를 보내고 싶어요. **149**

패턴 회화 1 — Pattern 1

A Ngoài thư (ra), tôi cũng có bưu kiện nữa.
　　편지　　　　나　역시　~가지고 있다　　소포　~더(추가의미)

편지 외에도 저는 소포도 가지고 있어요.

옆길 보시죠!

★ **Ngoài~(ra)** 명 부

'밖, 외부, ~외에도'라는 의미를 가집니다. 예를 들면,

- Ngoài tiếng Việt (ra), tôi cũng biết tiếng Trung Quốc (nữa).
  베트남어 외에도, 나는 중국어도 알아요.

- Ngoài ba chị gái (ra), tôi cũng có một em trai (nữa).
  언니 3명 외에도, 나는 남동생이 한 명 있어요.

하지만, Ngoài와 ra를 붙여 쓰면 Ngoài ra, ~ '게다가 ~'라는 뜻이 됩니다.
예를 들어볼까요?

- Ngoài ra, tôi rất thích đi xem phim.
  게다가, 나는 영화 보러 가는 것을 아주 좋아해요.

- Ngoài ra, cô ấy giàu có.
  게다가, 그녀는 부자예요.

낱말과 표현

Giàu có (형) 부자인, 넉넉한
(반) ↔ Nghèo 가난한

PART 14

Tôi muốn gửi thư đến Hàn Quốc.

한국으로 편지를 보내고 싶어요.

"접속사"

 **문제 있어요!**

Exercices

1 빈칸에 알맞은 단어를 써서 문장을 완성하세요.

(1) 메뉴 보여주세요.
   Cho tôi xem _____.

(2) 쌀국수 한 그릇과 아이스 커피 한 잔 주세요.
   Cho tôi một tô _____ và một cốc cà phê _____.

(3) 이 쇠고기 쌀국수는 너무 짜요!
   Phở bò này _____ quá!

(4) 베트남 고추는 정말 매워요!
   Ớt Việt Nam _____ lắm!

(5) 나는 돈이 부족해서 집을 살 수 없어요.
   Tôi không thể mua nhà được vì _____ tiền.

(6) 이 컵은 아이스크림으로 가득 차 있어요.
   Cốc này _____ kem.

2 다음 문장 중에서 옳은 문장을 골라 ✔표 하세요.

(1) Nếu không thích thịt thì anh ăn cá nướng.
   만약 고기가 싫으면 구운 생선을 드세요.   (   )

(2) Con gái tôi luôn luôn ăn lẫn cam cả chanh.
   우리 딸은 항상 오렌지와 레몬 둘 다 먹어요.   (   )

(3) Cho tôi nóng cà phê.
   뜨거운 커피 주세요.   (   )

 회화 **Conversation**

A Anh ơi, cho tôi xem thực đơn.

B Món nem và món phở là đặc sản của Việt Nam.

A Cho tôi cả món nem và món phở bò.

B Anh (có) dùng bằng đũa không?

A Nếu gọi hai món thì anh phải chờ lâu.

B Hôm nay (có) đông người không?

A Cho tôi một cốc trà đá trước.

B Trà đá Việt Nam chát quá.

A 여기요, 메뉴를 보여주세요.
B 스프링롤 요리와 쌀국수 요리는 베트남의 특산요리예요.
A 튀긴 스프링롤과 쇠고기 쌀국수 둘 다 주세요.
B 젓가락으로 드시나요?
A 만약 두 가지 음식을 주문하시면 손님은 오래 기다리셔야 해요.
B 오늘 손님이 붐비나요?
A 아이스 티 한 잔 먼저 주세요.
B 베트남 아이스 티는 아주 떫어요.

Pattern 4

역길 보시죠!

- **Rượu** 술 (즈어우)
  - Bia 맥주 (비어)
  - Rượu dân tộc 베트남 민속주 (즈어우 전 똑)
  - Cốc – tai 칵테일 (꼭 따이)
- 그 외 Nước khoáng (북부) / Nước suối (남부) 생수 (느억 코앙 / 느억 수오이)
- Cô ca 코카콜라, Sữa 우유, Sữa chua 요거트 (꼬 까, 스어, 스어 쭈어)

★ **Trước** 부 앞, 전, 먼저 (↔ Sau 뒤, 후, 나중)

★ **Chát** 형 (맛이) 떫은
- Quả này chát quá! 이 과일은 너무 떫어요. (꾸아 나이 짯 꾸아)

맛을 나타내는 표현을 살펴봅시다.

Cay (까이)	맵다	Kim Chi Hàn Quốc cay. (낌 찌 한 꾸옥 까이) 한국 김치는 매워요.
Chua (쭈어)	시다	Người Việt Nam thích ăn canh chua. (응어이 비엣 남 틱 안 까인 쭈어) 베트남 사람은 신 맛이 나는 국을 먹는 것을 좋아해요.
Đắng (당)	쓰다	Cà phê Việt Nam đắng quá. (까 페 비엣 남 당 꾸아) 베트남 커피는 너무 써요.
Ngọt (응옷)	달다	Tôi thích món ngọt. (또이 틱 몬 응옷) 나는 단 음식을 좋아해요.
Mặn (만)	짜다	Thức ăn này hơi mặn. (특 안 나이 허이 만) 이 반찬이 약간 짜요.

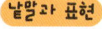

낱말과 표현

Khoáng (명) 광산
Suối (명) 샘, 용천
Canh (명) 국
Hơi (부) 약간

13과 메뉴를 보여주세요.

패턴회화 4

A Cho tôi một cốc trà đá trước.
  쪼 / 또이 / 못 / 꼭 / 짜 / 다 / 쯔억
  주다 / 나 / 1 / 잔 / 차 / 얼음 / 먼저
  아이스 티 한 잔 먼저 주세요.

B Trà đá Việt Nam chát quá.
  짜 / 다 / 비엣 남 / 짯 / 꾸아
  차 / 얼음 / 베트남 / 떫은 / 아주
  베트남 아이스 티는 아주 떫어요.

여길 보시죠!

낱말과 표현
Cốc (명) (북부) 컵, 잔 (=남부 Ly)
Dân tộc (명) 민족, 민속

★ **Cho tôi ~** ~주세요
앞 과에서 Cho에 관한 표현을 많이 봐왔습니다. 간단히 'ㅇㅇ주세요.'라고 말하고 싶으면 'Cho tôi ㅇㅇ'이라고 말하면 됩니다.

★ **Đá** (동) (발로) 차다, 싸우다, 먹다, 가다 (명) 얼음

★ **Trà đá** (명)
베트남식 아이스 티 (주로 진한 녹차 잎을 우려내서 마십니다)

베트남 음료를 살펴봅시다. 차, 커피, 과일주스로 유명한 베트남 음료를 외워두시면 편하겠죠?

- Trà / Chè 차
  짜 / 쩨
  - Trà xanh / Chè xanh 녹차
    짜 싸인 / 쩨 싸인
  - Trà hồng 홍차
    짜 홍

- Cà phê 커피
  까 페
  - Cà phê đen 블랙커피
    까 페 댄
  - Cà phê đen đá 차가운 블랙커피
    까 페 댄 다
  - Cà phê sữa 밀크커피
    까 페 스어
  - Cà phê sữa nóng 따뜻한 밀크커피
    까 페 스어 농

- Nước hoa quả 과일주스
  느억 호아 꾸아
  - Nước chanh 레몬주스
    느억 짜인
  - Nước cam 오렌지주스
    느억 깜

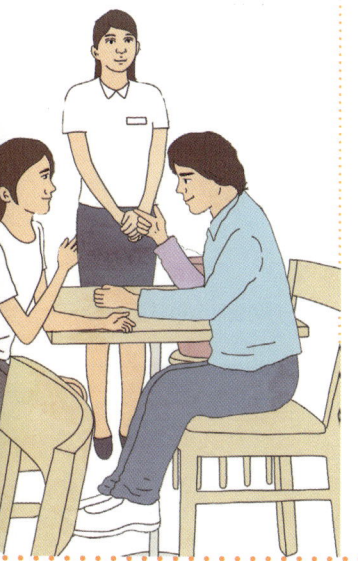

패턴회화 3

A Nếu gọi hai món thì anh phải chờ lâu.
　만약　주문하다　2　요리　~하면　당신　~해야 하다　기다리다　오랜

만약 두 가지 음식을 주문하시면 손님은 오래 기다리셔야 해요.

B Hôm nay (có) đông người không?
　오늘　　　　　붐비는　사람

오늘 손님이 붐비나요?

여길 보시죠!

낱말과 표현

Gọi (동) 부르다, 전화 걸다, 주문하다
Chờ (동) 기다리다
Lâu (관) 오랜
Luôn luôn (부) 항상
Phòng (명) 방
Đường phố (명) 길, 도로
Chai (명) 병

★ **Nếu ~ thì~** '만약 ~ 라면 ~ 이다'의 가정법입니다.
　• Nếu trời không mưa thì tôi sẽ chơi ten nít.
　만약 비가 오지 않으면 나는 테니스를 칠 거예요.

★ **Đông** (형) '(사람이) 붐비는, 가득 찬'이라는 뜻으로 수량을 나타냅니다.
　• Khách sạn này thường đông người. 이 호텔은 보통 붐벼요.

수량을 나타내는 표현은 다음과 같습니다.

• **Nhiều** (수, 양) 많은, 많이 → Mẹ tôi làm việc nhiều. 우리 어머니는 일을 많이 하세요.
• **Ít** (수,양) 적은 → Tôi ít tiền. 나는 돈이 적어요. (적게 가지고 있어요.)
• **Thiếu** 부족한 → Em trai tôi luôn luôn thiếu tiền. 내 남동생은 항상 돈이 부족해요.
• **Đủ** 충분한 → Tôi không đủ tiền để mua ô tô.
　　　　　　　　나는 자동차를 사기 위한 돈이 충분치 않아요.
• **Thừa** (수, 양) ① 너무 많은 ② 잉여의, 남는 → Phòng này thừa bàn.
　　　　① 이 방에는 너무 많은 책상이 있어요. ② 이 방에는 남는 테이블이 있어요.
• **Vắng** (사람이) 드문, 빈 → Vào buổi tối các đường phố Hà Nội vắng người.
　　　　　　　　저녁에 하노이 거리는 인적이 드물어요.
• **Đầy** 가득 찬 → Chai này đầy nước. 이 병은 물로 가득 찼어요.

패턴회화 2

Pattern 2

    쪼   또이   까   몬   냄   잔   바   몬   퍼   보
A Cho tôi cả món nem rán và món phở bò.
    주다 나   요리 스프링롤 튀긴   요리 쌀국수 쇠고기
튀긴 스프링롤과 쇠고기 쌀국수 둘 다 주세요.

    아인   꼬   중   방   두어   콩
B Anh (có) dùng bằng đũa không?
    당신   드시다   ~로   젓가락
젓가락으로 드시나요?

여길 보시죠!

낱말과 표현

Biết (동) 알다
Thể thao (명) 스포츠
Thìa (명) 숟가락
Nĩa (명) 포크
Dao (명) 칼

★ **Cả A Và B** 'A와 B 둘 다'라는 뜻입니다.

  또이 비엣 까 띠엥 팝 바 띠엥 득
· Tôi biết cả tiếng Pháp và tiếng Đức.
  나는 프랑스어와 독일어 둘 다 알아요.

  아인 또이 틱 까 테 타오 바 엄 낙
· Anh tôi thích cả thể thao và âm nhạc.
  우리 형은 스포츠와 음악 둘 다 좋아해요.

★ **Dùng** (동) 사용하다, 쓰다, 드시다 (ăn 먹다, uống 마시다의 높임말)

★ **Bằng** (전) '~을 가지고'라는 뜻으로 도구나 수단을 나타냅니다.

  응어이 떠이 안 방 티어 니어 바 자오
· Người Tây ăn bằng thìa, nĩa và dao.
  서양 사람들은 숟가락, 포크 그리고 칼로 식사해요.

Pattern 1

여길 보시죠!

베트남 주요 요리를 살펴볼까요?

- Phở _퍼 쌀국수
  - Phở bò _{퍼 보} 쇠고기가 들어간 쌀국수
  - Phở gà _{퍼 가} 닭고기가 들어간 쌀국수

- Cơm _껌 밥
  - Cơm rang _{껌 장} (북부) / Cơm chiên _{껌 찌엔} (남부) 볶은 밥
  - Cơm rang hải sản _{껌 장 하이산} 해산물 볶음밥
  - Cơm rang thập cẩm _{껌 장 텁 껌} 여러 가지 재료와 볶은 밥

- Súp _숩 스프
  - Súp cua _{숩 꾸어} 게 스프
  - Súp rau _{숩 자우} 야채 스프

- Lẩu _{러우} 전골
  - Lẩu bò _{러우 보} 쇠고기전골
  - Lẩu cá _{러우 까} 생선전골

- Nem _넴 (북부) / Chả giò _{짜 쪼} (남부) 스프링 롤(고기,야채말이 애그롤)

- Bánh _{바인}
  - Bánh mì _{바인 미} 바게트
  - Bánh bao _{바인 바오} 만두
  - Bánh ga-tô _{바인 가-또} 케이크
  - Bánh mì kẹp _{바인 미 껩} 샌드위치

낱말과 표현

Rang , Chiên (동) 볶다
Hải sản (명) 해산물
Thập cẩm (형) 혼합의
Cua (명) 게
Cá (명) 생선, 물고기
Kẹp (동) 집다, 묶다

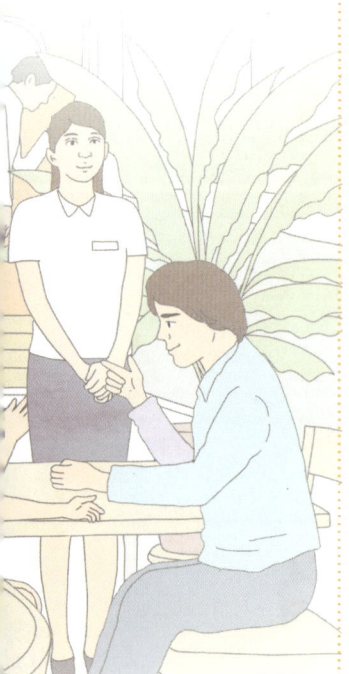

패턴회화 1

A **Anh ơi, cho tôi xem thực đơn.**
   아인 어이 쪼 또이 쌤 특 던
   오빠, 형~(상대방을 부를 때) 주다 나 보다 메뉴
   여기요, 메뉴를 보여주세요.

B **Món nem và món phở là món đặc sản của Việt Nam.**
   몬 냄 바 몬 퍼 라 몬 닥 산 꾸어 비엣 남
   요리 스프링롤 그리고 요리 쌀국수 ~이다 음식 특산 ~의 베트남
   스프링롤 요리와 쌀국수 요리는 베트남의 특산요리예요.

낱말과 표현

Món (명) 항목, 요리
Nem (명) 스프링롤, 베트남식 만두
Đặc sản (명) 특산, 특산품
Giám đốc (명) 사장

여길 보시죠!

★ **~ ơi** (부) 사람을 부를 때

이름, 호칭 + ơi   상대방을 친근감 있게 부를 때
- **Anh ơi**   형! 오빠!
   아인 어이
- **Min - su ơi**   민수야
   민 수 어이
- **mẹ ơi**   엄마!
   매 어이

Thưa + 이름, 호칭   손윗사람을 공식적이거나, 예의, 존경의 의미로 부를 때
- **Thưa ông giám đốc**   사장님!
   트어 옹 잠 독
- **Thưa bác sĩ**   의사 선생님!
   트어 박 시
- **Thưa thầy**   선생님!
   트어 터이

★ **Cho** (동) ~하게 하다, ~해주다 (11과 패턴회화 1 참고)

PART 13

Cho tôi xem thực đơn.

메뉴를 보여주세요.

"수량을 나타내는 동사"

쉬어가기

베트남에서 쇼핑하기

- 하노이 옛시가지 Phố cổ

'하노이' 옛 시가지 36거리에 가면 거리 이름별로 여러 가지 물건을 판다. 예를 들어 Hàng Bạc 거리는 금은방이 모여 있고, Hàng Đào 거리는 옷가게만 모여 있다. 작은 가게들이 줄을 지어 촘촘히 들어서 있어 구경하는 재미가 쏠쏠하다.

- 하노이 파크손 ParkSon

하노이 Thái Hà 거리에 대만이 세운 파크손 쇼핑센터는 가장 최근에 생긴 백화점으로 아주 깔끔하게 정돈되어 있다. 이 곳의 물건 값이 가장 비싼 편이나, 베트남 사람들의 소득 수준이 꽤 높아서 비싼 물건도 서슴지 않고 사는 모습을 많이 볼 수 있다.

- 하노이 빈콤 타워 Vincom

새로 지어진 백화점 형식의 이 건물은 1층은 화장품, 구두, 가방 매장 2층은 의류, 슈퍼 3층은 전자제품 그리고 6층은 영화관 등으로 지어진 하노이 최대의 백화점이다. 휴일이나 주말이 되면 베트남 사람들이 구경 나와서 북새통을 이룬다.

- 하노이 짱띠엔 거리 Tràng Tiền

이 거리에는 서점과 갤러리들이 모여있다. 짱띠엔 백화점을 시작으로 거리 끝에는 오페라 하우스까지 이어지는 이 곳에는 베트남 사람들의 문화에 대한 숨결과 그들의 교육에 대한 열정을 체험할 수 있다. 베트남 사람들에게 유명한 짱띠엔 아이스크림(Kem Tràng Tiền)도 맛볼 수 있다.

- 호찌민 벤탄 시장 Chợ Bến Thành

현대적인 건물 안에 건어물, 칠기 제품, 먹거리, 가방, 옷 등 다양한 제품들이 질서정연하게 갖춰진 재래시장이다. 밤에는 그 앞에 '야시장'이 들어서서 또 다른 볼거리를 제공하고 있다.

- 호찌민 다이아몬드 플라자 Diamond Plaza

한국기업이 설립한 회사라서 그런지 한국 제품이 유난히 많이 눈에 띈다. 1층은 가방, 구두, 화장품 2층은 의류와 악세서리, 3층은 생활용품, 슈퍼 등으로 이루어져있고 4층은 볼링장, 당구장, PC방이며 5층 부터는 사무실이다. 가장 현대적인 이 백화점에는 늘 사람이 붐빈다.

문제 있어요!

Exercices

1 알맞은 종별사를 골라 빈칸을 채우세요.

> Chiếc   Đôi   Tờ   Cái   Qủa   Con

(1) _____ xe đạp của tôi mới.
내 자전거는 새것이에요.

(2) Gia đình tôi có ba _____ bò.
우리 가족은 소 세 마리를 가지고 있어요.

(3) Bà bán cho tôi bốn _____ táo.
할머니 나에게 사과 네 개 파세요.

(4) Mẹ tôi muốn mua một _____ giày thể thao.
우리 어머니는 운동화 한 켤레를 사고 싶어 해요.

(5) Tôi có hai _____ vé đi xem phim.
나는 영화 표가 두 장 있어요.

(6) Hôm nay tôi đã đọc ba _____ báo.
오늘 나는 신문 세 부를 읽었어요.

2 다음 문장 중에서 옳은 문장을 골라 ✔표 하세요.

(1) Tất cả mọi người đều tốt đẹp.
전부 모든 사람들 다 좋아요.   (   )

(2) Mỗi năm một trẻ.
매년 젊어져요.   (   )

(3) Nhân viên những làm việc chăm chỉ.
몇몇 직원들은 열심히 일해요.   (   )

새로운 낱말과 표현

Bò (명) 소
Táo (명) 사과
Giày thể thao (명) 운동화
Vé (명) 표
Tốt đẹp (형) 훌륭한
Trẻ (형) 젊은, 어린

회화

Conversation

A   Anh tìm cái gì?

B   Tôi muốn mua một chiếc áo sơ mi.

A   Anh thích màu gì?

B   Tôi thích màu trắng.

A   Mọi người thích mua áo sơ mi trắng.

B   Mỗi tháng tôi mua một chiếc áo sơ mi trắng.

B   Bao nhiêu tiền?

A   Năm mươi nghìn đồng.

A 무엇을 찾아요?
B 저는 와이셔츠 하나를 사고 싶어요.
A 무슨 색깔을 좋아해요?
B 저는 흰색을 좋아해요.
A 모든 사람들이 흰 와이셔츠를 좋아해요.
B 매달 저는 흰 와이셔츠를 하나씩 사요.
B 얼마예요?
A 50,000동이에요.

패턴회화 4

B Bao nhiêu tiền?
　　바오　니에우　띠엔
　　얼마나　많은　돈

얼마예요?

A Năm mươi nghìn đồng.
　　남　므어이　응인　동
　　50　　000　　동

50,000동이에요.

낱말과 표현

Giá (명) 가격
Đại (형) 대(大)
　　　　(단독으로 쓰이지 못함)
Hạ (명) 아래下 (동) 내리다
Giảm (동) 줄이다
Mặc cả (동) 흥정하다, 값을 깎다
Bán (동) 팔다
Đúng (형) 올바른, 정확한
Chật (형) 좁다, 꽉 끼다
Cỡ (명) 치수
Kiểu (명) 스타일, 양식
Khác (형) 다르다
Thử (형) 시험 삼아 한 번 해보다

옆길 보시죠!

★ **Bao nhiêu** 의 얼마나 많이

★ **Đồng** 베트남 화폐단위 '동'은 이외에도 많은 뜻을 가진 동음이의어입니다 구리를 뜻하는 동(銅), '같은'이란 뜻과 동(同), '들판 또는 평야'라는 뜻도 가지고 있습니다.

★ **Tiền** 명 돈
→ Bao nhiêu tiền? '얼마예요' 가격을 묻는 관용적인 표현입니다.

※ 의류 쇼핑하기 : 베트남에서 옷을 살 때 어떤 표현들이 필요할까요? 다양한 표현법을 익혀봅시다.

. Giá bao nhiêu?　　　　　　　　　가격이 얼마예요?
. Đại hạ giá　　　　　　　　　　　대 바겐세일
. Giảm giá cho tôi.　　　　　　　　깎아주세요.
. Đừng mặc cả.　　　　　　　　　흥정하지 마세요.
. Bán đúng giá　　　　　　　　　정찰판매
. Chật quá! Cái áo này cỡ số mấy?　꽉 껴요! 이 옷은 치수가 몇이에요?
. Có kiểu khác không?　　　　　　다른 스타일 있어요?
. Tôi có thể mặc thử được không?　한 번 입어 볼 수 있어요?
. Vừa rồi.　　　　　　　　　　　(치수가) 맞아요.

패턴회화 3

Pattern 3

A **Mọi** **người** **thích** **mua** **áo sơ mi** **trắng**.
  모이   응어이   틱   무어   아오 서 미   짱
  모든   사람   좋아하다   사다   와이셔츠   흰

모든 사람들이 흰 와이셔츠 사는 것을 좋아해요.

B **Mỗi tháng** **tôi** **mua** **một chiếc** **áo sơ mi** **trắng**.
  모이 탕   또이   무어   못 찌엑   아오 서 미   짱
  매달   나   사다   한 개   와이셔츠   흰

매달 저는 흰 와이셔츠를 하나씩 사요.

여길 보시죠!

낱말과 표현

Mặt (명) 얼굴
Các (접) 복수를 나타냄
Chăm chỉ (형) 열심히 하는
Đều (부) 일제히
Tốt (형) 좋다
Mua sắm (동) 쇼핑하다
Già (형) 늙다
Lớn (형) 크다

* **Mọi** 부

  '전부, 모두'라는 뜻으로 Tất cả / Cả, Mỗi / Từng과 함께 부사구를 만듭니다.

  • **Mọi** 전부, 모두
    모이
    Hôm qua mọi người có mặt. 어제 모든 사람들이 출석했어요.
    홈   꾸아 모이 응어이 꼬   맛
    (Có mặt 직역하면 얼굴이 있다 → 출석하다)

  • **Tất cả / cả** 전부, 모두 : 단, 해당 사람의 수나 사물의 수를 알고 있을 때만 사용됩니다.
    떳   까   까
    Tất cả các sinh viên học chăm chỉ. 모든 학생들이 열심히 공부해요.
    떳 까 깍 신 비엔 혹 짬 찌
    Cả ba quyển từ điển này đều tốt. 이 사전 세 권 모두가 좋아요.
    까 바 꾸이엔 뜨 디엔 나이 대우 똣

  • **Mỗi / Từng** 매~, ~마다, 각각의
    모이   뜽
    Mỗi ngày tôi học lúc năm giờ. 매일 저는 5시에 공부해요.
    모이 응아이 또이 혹 룩 남 져
    Tôi đi mua sắm từng tháng một. 저는 매달 한 번씩 쇼핑하러 가요.
    또이 디 무어 삼 뜽 탕 못
    (Từng tháng một 직역하면 매달 1 → 매달 한 번)

  • **Mỗi ~ một + 형용사** '~마다 점점 ~해진다' : 일정기간 동안 조금씩 변화를 가질 때 쓰입니다.
    매   또이 모이 남   못 자
    Mẹ tôi mỗi năm một già. 내 어머니는 매년 조금씩 늙어가세요.
    타인   포 호 찌 민 모이 남 못 런
    Thành phố Hồ Chí Minh mỗi năm một lớn. 호찌민 시는 매년 조금씩 커져요.

패턴회화 2

A Anh thích màu gì?
  아인 틱   마우 지
  당신 좋아하다 색깔 무슨

무슨 색깔을 좋아해요?

B Tôi thích màu trắng.
  또이 틱   마우 짱
  나   좋아하다 색깔 흰

저는 흰색을 좋아해요.

여길 보시죠!

★ **Màu** 명 '색깔'이라는 뜻입니다.

베트남어 색깔 표현은 다음과 같습니다.

댄 Đen	검정색	짱 Trắng	흰색
너우 Nâu	갈색	쌈 Xám	회색
방 Vàng	노란색, 금색	도 Đỏ	빨간색
자 깜 Da cam	주황색	띰 Tím	보라색
홍 Hồng	핑크색	박 Bạc	은색
싼인 * Xanh	푸른색	싼인 느억 비엔 Xanh nước biển	파란색
		싼인 자 쩌이 Xanh da trời	하늘색
		싼인 라 꺼이 Xanh lá cây	초록색

※ 색깔의 어두움과 밝음을 표현할 때 덤
Đậm 진한 / 냣
Nhạt 연한 단어를 사용합니다.
너우 덤   띰 냣
Nâu đậm 진한 갈색 / Tím nhạt 연한 보라색

낱말과 표현

Biển (명) 바다 (파랑색)
Da (명) 피부
Trời (명) 하늘
Lá (명) 잎
Cây (명) 나무

Pattern 1

역길 보시죠!

낱말과 표현

Bàn (명) 책상, 식탁
Ghế (명) 의자
Mèo (명) 고양이
Chó (명) 강아지
Sông (명) 강
Dao (명) 칼
Mắt (명) (사람의) 눈
Giấy (명) 종이
Áo (명) 옷
Tàu (명) 배
Giày (명) 신발
Đũa (명) 젓가락
Ảnh (명) 사진
Xoài (명) 망고
Đất (명) 땅, 지구
Ấm (명) 주전자
Chén (명) 잔

★ 종별사

- **Cái** [까이] : 무생물 명사 앞에 가장 일반적으로 쓰입니다.
  Cái bàn [까이 반] 책상   Cái ghế [까이 게] 의자

- **Con** [꼰] : 생물 명사 앞에 쓰입니다.
  Con mèo [꼰 매오] 고양이   Con chó [꼰 쪼] 강아지
  Con sông [꼰 쑹] 강, Con dao [꼰 자오] 칼, Con đường [꼰 드엉] 길, Con mắt [꼰 맛] (사람의) 눈
  → 생물이 아니지만 예외적으로 Con이 쓰입니다.

- **Quyển / Cuốn** [꾸이엔 / 꾸온] : 책, 서적 명사 앞에 쓰입니다.
  Quyển sách [꾸이엔 사익] 책   Cuốn từ điển [꾸온 뜨 디엔] 사전

- **Tờ** [떠] : 신문, 종이 등의 명사 앞에 쓰입니다.
  Tờ báo [떠 바오] 신문   Tờ giấy [떠 저이] 종이

- **Chiếc** [찌엑] : 개별적인 단일사물이나, 제조된 사물 명사 앞에 쓰입니다.
  Chiếc áo [찌엑 아오] 옷   Chiếc tàu [찌엑 따우] 배

- **Đôi** [도이] : 쌍으로 이루어진 명사 앞에 쓰입니다.
  Đôi giày [도이 자이] 신발 (쌍)   Đôi đũa [도이 두어] 젓가락(쌍)

- **Bức** [븍] : 평평하고 직각을 이룬 명사 앞에 쓰입니다.
  Bức ảnh [븍 아인] 사진   Bức thư [븍 트] 편지

- **Bài** [바이] : 문자로 된 명사 앞에 쓰입니다.
  Bài báo [바이 바오] 신문기사   Bài hát [바이 핫] 노래

- **Quả** (북부) / **Trái** (남부) [꾸아/짜이] : 과일이나 동그란 사물 앞에 쓰입니다.
  Quả xoài / Trái xoài [꾸아 쏘아이 / 짜이 쏘아이] 망고   Quả đất / Trái đất [꾸아 덧 / 짜이 덧] 지구

- **Bộ** [보] : 세트로 된 명사 앞에 쓰입니다.
  Bộ bàn ghế [보 반 게] 응접세트   Bộ ấm chén [보 엄 짼] 자기세트

12과 무엇을 찾아요? 129

패턴회화 1

A <u>Anh</u> <u>tìm</u> <u>cái gì?</u>
　　아인　　띰　　까이 지
　　당신　　찾다　　무엇

무엇을 찾아요?

B <u>Tôi</u> <u>muốn</u> <u>mua</u> <u>một chiếc</u> <u>áo sơ mi.</u>
　　또이　무온　무어　못 찌엑　아오 서 미
　　나　원하다　사다　1개　와이셔츠

저는 와이셔츠 하나를 사고 싶어요.

엿길 보시죠!

★ **Cái** '~개, 것'이라는 뜻으로 사물 앞에 붙는 종별사

★ **Cái gì** 의
'무엇'이라는 뜻입니다. Gì의 의미도 '무엇'이지만 Cái와 함께 써서 사물을 가리킨다는 것을 알 수 있습니다.

※ 종별사 : 베트남어는 명사 앞에 위치하여 명사의 종류를 나타내주는 종류명사가 있습니다. 우리말의 '것, 개, 권' 등의 단위와 비슷합니다.

PART 12

Anh tìm cái gì?

무엇을 찾아요?

"종별사"

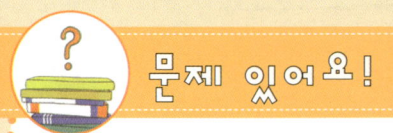

문제 있어요! — Exercices

1 다음 대화를 완성하세요.

현수 :	여보세요? 거기 은영이 있나요?	Alô, Ở _____ có Eun-Young không?
은영 :	전데요, 누구세요?	Tôi _____, Ai đó?
현수 :	난 민지 친구 현수야.	Tôi là Hyun-Su, _____ của Min-Ji.
은영 :	안녕, 무슨 일이야?	Chào Hyun-Su, Có _____ gì?
현수 :	내일 시간 있니?	Ngày mai, có _____ không?
은영 :	응, 내일 저녁에 한가해.	Có, _____ mai rảnh.
현수 :	잘됐다. 우리 저녁 먹으러 가자.	Tốt đấy. Chúng ta đi ăn _____.
은영 :	알았어. 내일 보자.	Ok. _____ gặp mai nhé.

2 우리말에 해당하는 베트남어를 찾아 선을 그어보세요.

(1) 전화가 통화 중이에요.　•　　　•　ⓐ Có nhắn gì không?

(2) 김씨는 외출하셨어요.　•　　　•　ⓑ Tôi sẽ gọi lại sau.

(3) 잘못 거셨어요.　•　　　•　ⓒ Chị Trinh không có ở đây.

(4) 나중에 다시 걸게요.　•　　　•　ⓓ Anh Kim đi ra ngoài rồi.

(5) 하 씨 좀 바꿔주세요.　•　　　•　ⓔ Máy đang bận.

(6) 찐 씨는 여기에 없어요.　•　　　•　ⓕ Cho tôi gặp Cô Hà.

(7) 남기실 메모 있어요?　•　　　•　ⓖ Gọi nhầm số rồi.

회화

Conversation

A   Alô, cho tôi gặp thầy Thu.

B   Chờ một chút. Thầy Thu đi ra ngoài rồi.

A   Số điện thoại di động của thầy Thu là số mấy?

B   Số điện thoại của thầy Thu là số 090-1234-567.

A   Tôi sẽ gọi điện cho thầy Thu ngay.

B   Anh tự gọi (điện thoại) cho thầy Thu nhé.

A   Tôi cần phải gặp thầy Thu.

B   Có lẽ thầy Thu đang ở một mình.

A 여보세요., 투 선생님 좀 바꿔주세요.
B 잠깐 기다리세요. 투 선생님 밖에 나가셨어요.
A 투 선생님 핸드폰번호가 몇 번이에요?
B 투 선생님의 핸드폰번호는 090-1234-567이에요.
A 제가 즉시 투 선생님께 전화를 걸게요.
B 투 선생님께 직접 거세요.
A 저는 투 선생님을 만나야 할 필요가 있어요.
B 아마도 투 선생님은 혼자 계실 거예요.

패턴회화 4

Pattern 4

또이 껀 파이 갑 터이 투
A Tôi cần phải gặp thầy Thu.
나 필요하다 ~해야 한다 만나다 선생님 투

저는 투 선생님을 만나야 할 필요가 있어요.

꼬 래 터이 투 당 어 못 민
B Có lẽ thầy Thu đang ở một mình.
아마도 선생님 투 ~하는 중이다 ~에 있다 혼자

아마도 투 선생님은 혼자 계실 거예요.

역길 보시죠!

낱말과 표현

Lấy (동) 가지고 가다, 가지고 오다
Xích lô (명) 시클로
Thăm (동) 방문하다
Đang (동) ~하는 중이다 (진행형)
Hát (동) 노래하다

★ **Cần** (동) '~필요하다' 조동사로써 동사 앞에 위치해 서술어를 완성시킵니다.

풍 또이 껀 독 사익 니에우
· Chúng tôi cần đọc sách nhiều. 우리는 많은 책을 읽을 필요가 있어요.

※ 베트남어 조동사의 종류는 다음과 같습니다.

무온
· **Muốn** ~원하다, ~하고 싶다
   또이 무온 혹 띠엥 비엣
   → Tôi muốn học tiếng Việt. 나는 베트남어 공부하기를 원해요.

넨
· **Nên** ~하는 편이 낫다, ~하는 게 좋다
   아인 어이 넨 러이 씩 로
   → Anh ấy nên lấy xích lô. 그는 시클로를 가져가는 편이 나아요.

파이
· **Phải** ~해야 한다 → 찌 어이 파이 디 베인 비엔
   Chị ấy phải đi bệnh viện. 그녀는 병원에 가야 해요.

껀 파이
· **Cần phải** ~해야 할 필요가 있다
   또이 껀 파이 탐 보 매
   → Tôi cần phải thăm bố mẹ. 나는 부모님을 방문할 필요가 있어요.

※ 조동사의 부정문을 만들 때 조동사 앞에 Không을 넣으면 부정이 됩니다.
또이 콩 껀 디 쩌
· Tôi không cần đi chợ. 나는 시장에 갈 필요가 없어요.

꼬 테 드억
※ **Có thể ~ được** ~할 수 있다

꼬 어이 꼬 테 핫
① Có thể + 동사 → Cô ấy có thể hát.
꼬 어이 핫 드억
② 동사 + Được → Cô ấy hát được.   } 그녀는 노래할 수 있어요.
꼬 어이 꼬 테 핫 드억
③ Có thể + 동사 + được → Cô ấy có thể hát được.

꼬 테 드억 콩 테 드억
có thể ~ được의 부정문은 Không thể ~ được으로 말합니다.

응아이 마이 또이 콩 테 갑 아인 드억
· Ngày mai tôi không thể gặp anh được. 내일 저는 당신을 만날 수 없어요.

패턴회화 3

Pattern 3

A Tôi sẽ gọi điện thoại cho thầy Thu ngay.
또이 새 고이 디엔 토아이 쪼 터이 투 응아이
나 ~할 것이다 걸다 전화 ~에게 선생님 투 즉시

제가 즉시 투 선생님께 전화를 걸게요.

B Anh tự gọi (điện thoại) cho thầy Thu nhé.
아인 뜨 고이 디엔 토아이 쪼 터이 투 녜
당신 직접 걸다 (전화) ~에게 선생님 투 ~하세요

투 선생님께 직접 거세요.

역길 보시죠!

낱말과 표현

Gửi (동) 보내다, 제출하다
Thư (명) 편지, 책
Tự (부) 스스로
Lấy (동) 자기 스스로 ~하다
Chữa (동) 수리하다, 고치다
Xe máy (명) 오토바이

★ **Cho** 〔전〕 ~에게

'~에게 전화를 걸다, ~에게 편지를 보내다'라고 말할 때 반드시 cho 전치사를 써야합니다.

• Tôi gọi điện thoại cho bạn. 나는 친구에게 전화를 건다.
또이 고이 디엔 토아이 쪼 반

• Tôi gửi thư cho bạn. 나는 친구에게 편지를 보낸다.
또이 그이 트 쪼 반

★ **Tự + ~ (lấy)**

'스스로 ~ 직접'이라는 뜻으로 자기 자신이 직접 행위함을 의미합니다.

Tự 동사 앞에 위치 : Tôi tự chữa xe máy.
또이 뜨 쯔어 쌔 마이

Lấy 동사 뒤에 위치 : Tôi chữa lấy xe máy.
또이 쯔어 러이 쌔 마이

Tự ~ lấy 같이 사용하기도 함 : Tôi tự chữa lấy xe máy.
또이 뜨 쯔어 러이 쌔 마이

→ 나는 직접 오토바이를 수리해요.(위 세 문장 모두 같은 의미입니다.)

패턴회화 2 — Pattern 2

A Số điện thoại di động của thầy Thu là số mấy?
소 디엔 토아이 지 동 꾸어 터이 투 라 소 머이
번호 전화 이동 ~의 선생님 투 ~이다 번호 몇
투 선생님 핸드폰번호가 몇 번이에요?

B Số điện thoại của thầy Thu là số 090-1234-567.
소 디엔 토아이 꾸어 터이 투 라 소 콩찐콩-못하이바본-남사우바이
번호 전화 ~의 선생님 투 ~이다 번호 090-1234-567
투 선생님의 핸드폰번호는 090-1234-567이에요

여길 보시죠!

★ **Di động** 형 이동하는

★ **Điện thoại di động** 명 이동전화, 핸드폰

★ **Số ~mấy** '몇 번'인지 물어볼 때 사용하는 표현입니다.
또는 Số bao nhiêu?로 묻습니다.
소 바오 니에우

A Số điện thoại của chị là số mấy?
소 디엔 토아이 꾸어 찌 라 소 머이
전화번호가 몇 번이에요?

B Số 302-2764.
소 바콩하이-하이바이사우본
302-2764번이에요.

A Số nhà của anh là số bao nhiêu?
소 냐 꾸어 아인 라 소 바오 니에우
집이 몇 번지예요?

B Số 762.
소 바이짬 사우므어이 하이
762번지예요

11과 여보세요? 투 선생님 바꿔주세요. **121**

패턴회화 1 Pattern 1

알로	쪼	또이	갑	터이	투
A Alô, cho tôi gặp thầy Thu.
여보세요 ~(해)주세요 나 만나다 선생님 투

여보세요, 투 선생님 바꿔주세요.

쩌	못	쭛	터이	투	디 자	응와이	조이
B Chờ một chút, Thầy Thu đi ra ngoài rồi.
기다리다 잠깐 선생님 투 나가다 밖 이미

잠깐 기다리세요. 투 선생님 밖에 나가셨어요.

옆길 보시죠!

낱말과 표현

Cho (사) ~하게 하다, 시키다, ~해주다
Chuyển (동) 바꾸다, 건네주다
Vắng (형) 사람이 없는, 출석하지 않은
Gọi (동) 전화 걸다, 부르다
Nhắn (동) 전갈을 보내다, 메모를 전하다
Nhầm (동) 실수하다, 잘못 알다
Số (명) 수, 번호

★ **Alô, cho tôi gặp thầy Thu.** 여보세요, 투 선생님 바꿔주세요.
Alô는 '여보세요'라는 뜻으로 전화 받을 때 사용하는 표현입니다.

★ **Cho tôi gặp ○○**
직역하면 '내가 ○○ 만나게 해주세요'라는 뜻이며, 전화상에서 ○○를 바꿔달라고 할 때 관용적으로 쓰이는 표현입니다. '~좀 바꿔주세요'라고 이해하시면 됩니다.

전화 걸 때 다른 표현으로는,

- 쪼 또이 노이 쭈이엔 버이 아인 낌
  Cho tôi nói chuyện với anh Kim. 김 씨와 이야기하게 해주세요. → 김 씨 바꿔주세요.
  (nói chuyện với~ ~와 이야기 하다)
- 또이 응애 더이
  Tôi nghe đây. 제가 여기 듣고 있어요. → 저예요.
- 아인 낌 콩 꼬어 냐
  Anh Kim không có ở nhà. 김 씨는 집에 없어요.
- 아인 낌 디 방 조이
  Anh Kim đi vắng rồi. 김 씨는 부재중이에요.
- 또이 새 고이 라이 사우
  Tôi sẽ gọi lại sau. 제가 나중에 다시 걸게요.
- 아인 꼬 냔 지 콩
  Anh có nhắn gì không? 남기실 메모 있나요?
- 아인 고이 념 소 조이
  Anh gọi nhầm số rồi. 전화 잘못 거셨어요.

PART 11

Alô, Cho tôi gặp thầy Thu.

여보세요? 투 선생님 바꿔주세요.

"조동사"

Exercices

1 다음 밑줄에 알맞은 단어를 쓰세요.

(1) _____ bưu điện _____ sông Sài Gòn _____ bao lâu?
우체국에서 사이공강까지 얼마나 걸려요?

(2) Chợ Bến Thành _____ khách sạn này 10 km.
벤탄 시장은 이 호텔에서부터 10km 떨어져 있어요.

(3) Mất khoảng 3 _____.
약 세 시간 걸려요.

(4) Đi _____ đường này.
이 길을 직진하세요.

(5) Đến ngã tư _____ trái.
사거리까지 가서 왼쪽으로 도세요.

(6) Tôi đến Việt Nam _____ _____ 1 tháng trước.
나는 베트남에 지금부터 한 달 전에 왔어요.

2 다음 문장 중에서 옳은 문장을 골라 ✔표 하세요.

(1) Hãy chị đi!   가세요!   (   )

(2) Bạn học tiếng Việt đi!   베트남어 공부하세요!   (   )

(3) Anh đừng đi du lịch!   여행가지 마요!   (   )

(4) Em chớ gặp cô ấy!   그녀를 만나지 마세요!   (   )

새로운 낱말과 표현

Bưu điện (명) 우체국
Chợ (명) 시장
Ngã tư (동) 사거리

 회화   **Conversation**

A   Đến viện bảo tàng lịch sử, phải đi đường nào?

B   Đi thẳng đường này sau đó rẽ phải.

A   Từ đây đến viện bảo tàng lịch sử mất bao lâu?

B   Mất khoảng hai mươi phút.

A   Viện bảo tàng lịch sử cách đây bao xa?

B   Viện bảo tàng lịch sử cách đây 5 km.

A   Chị hãy dùng bản đồ này!

A 역사박물관 가려면 어느 길로 가야 해요?
B 이 길을 곧장 가서 오른쪽으로 도세요.
A 여기에서 역사박물관까지 얼마나 오래 걸려요?
B 약 20분 걸려요.
A 역사박물관은 여기에서 얼마나 멀어요?
B 역사박물관은 여기에서 5킬로미터예요.
A 이 지도를 쓰세요!

패턴회화 4

Pattern 4

A Chị hãy dùng bản đồ này!
　 찌　하이　중　반도　나이
　 당신 ~하세요 쓰다 지도 이

이 지도를 쓰세요!

역길 보시죠!

낱말과 표현

Đừng (동) ~하지마라
Chớ (동) ~하지마라
Cấm (동) 금지하다
Hút (동) 빨다. 흡입하다
Thuốc lá (명) 담배

★ **Hãy**

'~하세요' 명령어의 하나로 언제나 동사 앞에 위치합니다.
- Anh hãy đọc sách! 책을 읽으세요!
　아인 하이 독 사익

★ **Đi**

'~해라' 언제나 문장 끝에 위치합니다.
- Anh ăn đi! 먹어!
　아인 안 디

Hãy~đi가 결합해서 한 문장을 만들기도 합니다.
- Em hãy làm việc đi! 일 해!
　앰 하이 람 비엑 디

★ **Đừng / Chớ / Cấm**

'~하지마라' 부정명령법으로 언제나 동사 앞에 위치합니다.
- Anh đừng nói! 말하지마!
　아인 등 노이
- Cấm hút thuốc lá! 담배 피우지마! → 금연!
　껌 훗 투옥 라

패턴회화 3 — Pattern 3

A: **Viện bảo tàng lịch sử cách đây bao xa?**
   비엔 바오 땅 릭 스   까익 더이 바오 싸
   역사박물관   ~떨어진 여기 얼마나 먼
   역사박물관은 여기에서 얼마나 멀어요?

B: **Viện bảo tàng lịch sử cách đây 5 km.**
   비엔 바오 땅 릭 스   까익 더이 남 낄로멧
   역사박물관   ~떨어진 여기 5 km
   역사박물관은 여기에서 5킬로미터예요

여길 보시죠!

★ **~Cách** 〔형〕 '~떨어진' 두 지점 사이의 거리, 간격을 나타냅니다.
  - Seoul cách Busan khoảng 400 km. 서울은 부산으로부터 약 400 킬로미터예요
    서울 까익 부산 코앙 본짬 낄로멧

★ **A cách B ~bao xa?** 'A에서 B까지 얼마나 멀어요?' 거리를 물어봅니다.
  - Ngân hàng cách bưu điện bao xa? 은행은 우체국으로부터 얼마나 멀어요?
    응언 항 까익 브우 디엔 바오 싸

cf) Cách đây는 지금, 여기로부터 시간, 공간상 거리 및 간격을 의미하기도 합니다.

※ 시간상 간격
  - Cách đây 3 tháng trước 지금부터 석 달 전
    까익 더이 바 탕 쯔억
  - Cách đây 1 năm sau 지금부터 일년 후
    까익 더이 못 남 사우

※ 공간상 간격
  - Cách đây 1 km trước 여기부터 1킬로미터 전
    까익 더이 못 낄로멧 쯔억
  - Cách đây 80 km nữa 여기부터 80킬로미터 뒤
    까익 더이 땀 므어이 낄로멧 느어

낱말과 표현

Bao xa (의) 얼마나 먼
Ngân hàng (명) 은행
Bưu điện (명) 우체국
Trước (전) 앞, 전
Sau (전) 뒤, 후

패턴회화 2 — Pattern 2

A Từ đây đến viện bảo tàng lịch sử mất bao lâu?
뜨 더이 덴 비엔 바오 땅 릭 스 멋 바오 러우
~에서 여기 ~까지 박물관 역사 ~걸리다 얼마나 오래
여기에서 역사박물관까지 얼마나 오래 걸려요?

B Mất khoảng hai mươi phút.
멋 코앙 하이 므어이 풋
걸리다 약 20 분
약 20분 걸려요.

여길 보시죠!

낱말과 표현

- Từ (전) ~에서
- Đến (전) ~까지
- Mất (동) 걸리다
- Lâu (관) 오래
- Khoảng (부) 약, 대략
- Sân bay (명) 공항
- Thành phố (명) 도시, 마을
- Tiếng (명) 언어, 소리, 소요 시간

★ **Từ~đến~**
'~에서 ~까지' 시간, 공간에 모두 사용합니다.

- Từ sân bay đến khách sạn. 공항에서 호텔까지
  뜨 선 바이 덴 카익 산
- Từ 7 giờ sáng đến 9 giờ tối. 아침 7시부터 저녁 9시까지
  뜨 바이 져 상 덴 찐 져 또이

★ **Bao + lâu** 의 얼마나 오래

★ **Mất bao lâu?**
'얼마나 오래 걸려요?'라는 뜻으로 소요 시간을 물어봅니다.

A Đi từ Hà Nội đến Thành phố Hồ Chí Minh mất bao lâu?
디 뜨 하 노이 덴 타인 포 호 찌 민 멋 바오 러우
하노이에서 호찌민 시까지 가는 데 얼마나 오래 걸려요?

B Mất 2 tiếng.
멋 하이 띠엥
2시간 걸려요.

패턴회화 1 — Pattern 1

A Đến viện bảo tàng lịch sử, phải đi đường nào?
덴 비엔 바오 땅 릭 스 파이 디 드엉 나오
도착하다 박물관 역사 ~해야 하다 가다 길 어느

역사박물관 가려면 어느 길로 가야 해요?

B Đi thẳng đường này sau đó rẽ phải.
디 탕 드엉 나이 사우 도 제 파이
곧장 가다 길 이 그후 돌다 오른쪽

이 길을 곧장 가서 오른쪽으로 도세요.

옆길 보시죠!

낱말과 표현

Đến (동) 오다, 도착하다
Thẳng (형) 곧은, 직선의
Sau đó (접) 그 후
Lùi (동) 물러서다, 후퇴하다
Lên (동) 올라가다
Xe (명) 차
Chuyển (동) 바꾸다
Dừng (동) 멈추다
Tắc (동) 차단하다, 막다
Kẹt (동) 갇히다, 고통 속에 처하다

★ **Đường** (명) 길, 설탕

★ **Đi thẳng** (동) '곧장 가다, 직진하다'라는 뜻으로 길을 묻고 답할 때 쓰입니다.

- Rẽ phải (북부) / Quẹo phải (남부) 오른쪽으로 돌다, 우회전하다
  제 파이 / 웨오 파이
- Rẽ trái (북부) / Quẹo trái (남부) 왼쪽으로 돌다, 좌회전하다
  제 짜이 / 웨오 짜이
- Quay lại 유턴하다
  꾸아이 라이
- Đi lùi 뒤로가다, 후진하다
  디 루이

※ 그 외 교통에 관련된 표현

- Lên xe   차를 타다
  렌 쌔
- Chuyển xe 차를 갈아타다
  쭈이엔 쌔
- Dừng xe   차를 세우다
  증 쌔
- Nơi gửi xe 주차장
  너이 그이 쌔
- Tắc đường (북부) / Kẹt xe (남부) 길이 막히다
  딱 드엉 / 껫 쌔

PART 10

Đến viện bảo tàng lịch sử phải đi đường nào?

역사박물관 가려면 어느 길로 가야 해요?

"명령문"

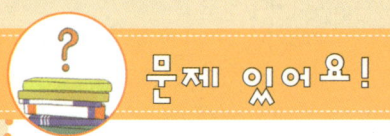

문제 있어요!   Exercices

1 다음 문장 중에서 옳은 문장을 골라 ✔표 하세요.

  (1) Có sao đâu!
      괜찮아요!   (   )

  (2) Chị có hỏi gì không?
      뭐 질문할 거 있어요?   (   )

  (3) Bạn anh không ăn phở tại sao?
      왜 당신 친구는 쌀국수를 먹지 않아요?   (   )

  (4) Tôi xong làm việc rồi.
      저는 일을 다 끝냈어요.   (   )

2 다음 빈칸에 알맞은 단어를 넣으세요.

  (1) Chị có muốn uống trà _____ không?
      마시고 싶은 어떤 차가 있어요?

  (2) Anh có ăn _____ chưa?
      뭐 좀 먹었어요?

  (3) Ông có kế hoạch đi _____ không?
      어디 갈 계획이 있어요?

  (4) Ở đây có _____ giúp tôi không?
      여기 나를 도와줄 누구 있어요?

새로운 낱말과 표현

Trà (명) 차
Kế hoạch (명) 계획
Giúp (동) 도와주다

 회화　　　　　　　　　　　　　　　　　　　　　　　　　Conversation

A　Chị có làm việc ở khách sạn không?

B　Tôi có làm việc ở khách sạn đâu!

A　Tại sao chị không làm việc ở khách sạn?

B　Vì tôi đã trượt thi phỏng vấn mấy lần rồi.

A　Có còn khách sạn nào tuyển nhân viên không?

B　Các khách sạn đã tuyển xong nhân viên rồi.

A　Một nửa nhân viên là phụ nữ.

B　Năm mươi phần trăm là đàn ông.

A　호텔에서 일해요?
B　호텔에서 일하긴요, 아니에요!
A　왜 호텔에서 일하지 않아요?
B　면접시험에 몇 차례 낙방해서요.
A　직원을 채용하는 호텔이 남아 있어요?
B　호텔들은 직원 채용이 끝났어요.
A　직원의 반이 여성이에요.
B　50%는 남성이에요.

패턴회화 4

Pattern 4

A Một nửa nhân viên là phụ nữ.
   절반   직원   ~이다 여성
   직원의 반이 여성이에요.

B Năm mươi phần trăm là đàn ông.
   50   %   ~이다 남성
   50%는 남성이에요

여길 보시죠!

낱말과 표현

Phụ nữ (명) 여성
Phần (명) 부분, 못
Đàn ông (명) 남성
Phẩy (명) 소수점

★ **Một nửa** (명) 절반 (1/2)

★ **Phần trăm** (명) %, 백분율

. 100% một trăm phần trăm
. 75% bảy mươi lăm phần trăm

※ 분수는 Phần '부분'이라는 단어를 사용하여 분자부터 읽습니다.
. 1/2 một phần hai (또는 절반 một nửa)
. 3/4 ba phần tư (4의 분모는 bốn이 아닌 tư로 쓰입니다)

※ 콤마는 Phẩy '소수점'이라는 단어를 사용하여 읽습니다.
. 1,3 một phẩy ba
. 0,01 không phẩy không một

09과 호텔에서 일해요?

패턴회화 3

Pattern 3

A Có còn khách sạn nào tuyển nhân viên không?
　　꼬　꼰　카익　산　나오　뚜이엔　년　비엔　콩
　　　　남아있다　호텔　어느　채용하다　직원

직원을 채용하는 호텔이 남아 있어요?

B Các khách sạn đã tuyển xong nhân viên rồi.
　　깍　카익　산　다　뚜이엔　쏭　년　비엔　조이
　　~들　호텔　~했다　채용하다　끝나다　직원　이미

호텔들은 직원 채용이 끝났어요.

여길 보시죠!

낱말과 표현

Còn (부) 여전히,
　　(동) 남아있다
Tuyển (동) 선발하다, 고르다, 채용하다
Nhân viên (명) 직원
Các (접) ~들, 복수를 나타내는 접두어
Mua (동) 사다
Từ điển (명) 사전

★ **Nào** (명) '어떤, 어느'라는 뜻이지만 có ~không? 의문문 사이에 이 단어가 들어가면 '그 어떤'이라는 뜻을 가져서 일정치 않은 명사(부정명사)로 사용됩니다. 예를 들면,

- Cô muốn mua từ điển nào?
　꼬　부온　무어　뜨　디엔　나오
  어떤 사전을 사고 싶어요? (어떤 사전을 사고 싶은지 물음)

- Cô có muốn mua từ điển nào không?
　꼬　꼬　무온　무어　뜨　디엔　나오　콩
  어떤 사고 싶은 사전이 있어요?

- Ai đi Trung Quốc?
　아이　디　쭝　꾸옥
  누가 중국에 가요?

- Có ai đi Trung Quốc không?
　꼬　아이　디　쭝　꾸옥　콩
  누구 중국 가는 사람 있어요?

★ **Xong** (동) 끝나다

'동사 + xong' 해당 동사가 끝나서 완료되었음을 나타냅니다.

- Tôi đã đọc xong báo.
　또이　다　독　쏭　바오
  나는 신문을 다 읽었어요.

- Tôi đã làm xong việc.
　또이　다　람　쏭　비엑
  저는 일을 다 끝냈어요.

패턴회화 2

Pattern 2

A Tại sao chị không làm việc ở khách sạn?
따이 사오 찌 콩 람 비엑 어 카익 산
왜 당신 ~아니다 일하다 ~에서 호텔
왜 호텔에서 일하지 않아요?

B Vì tôi đã trượt thi phỏng vấn mấy lần rồi.
비 또이 다 쯔엇 티 퐁 번 머이 런 조이
왜냐하면 나 ~했다 떨어지다 시험치다 인터뷰하다 몇 차례 이미
면접시험에 몇 차례 낙방해서요.

역길 보시죠!

★ **Tại sao~** 〈의〉
'왜~'라는 의문사로 문장 앞에 위치해서 이유를 묻습니다.

★ **Vì~** 〈접〉
'~때문에, ~이유로'라는 뜻으로 이유를 설명할 때 사용합니다. 같은 뜻으로
Tại vì~ = Bởi vì~가 있습니다.

A Tại sao anh chưa kết hôn? 왜 아직 결혼하지 않아요?
  따이 사오 아인 쯔어 껫 혼

B Tại vì tôi chưa có người yêu.
  따이 비 또이 쯔어 꼬 응어이 이에우
  왜냐하면 아직 애인이 없어서요. (Chưa có~ 아직 ~ 없다)

★ **Phỏng vấn** 〈동〉 인터뷰하다 → Thi phỏng vấn 면접시험 보다

★ **Lần** 〈명〉
'~회, ~차, ~번'의 뜻으로 횟수를 나타낼 때 사용하는 단어입니다.
→ Mấy lần 몇 차례

A Anh đã gặp cô ấy mấy lần rồi? 그녀를 몇 번 만났어요?
  아인 다 갑 꼬어이 머이 런 조이

B Tôi đã gặp cô ấy ba lần rồi. 그녀를 세 번 만났어요.
  또이 다 갑 꼬어이 바 런 조이

낱말과 표현

Trượt 〈동〉 미끄러지다
Thi 〈동〉 시험 치다
Mấy 〈의〉 몇
Người yêu 〈명〉 애인
Kết hôn 〈동〉 결혼하다

패턴회화 1

Pattern 1

	찌	꼬	람 비엑	어	카익 산	콩
A	Chị	có	làm việc	ở	khách sạn	không?
	당신		일하다	~에서	호텔	

호텔에서 일해요?

	또이	꼬	람 비엑	어	카익 산	더우
B	Tôi	có	làm việc	ở	khách sạn	đâu!
	나		일하다	~에서	호텔	

호텔에서 일하긴요, 아니에요!

역길 보시죠!

★ **Có ~đâu**

'~아니다 (강한부정)' 보통 부정문을 만들 때는 동사나 형용사 앞에 Không을 붙이지만 좀 더 강하게 부정을 할 때는 'Có + 동사·형용사 + ~đâu' 문장을 사용합니다.

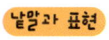

낱말과 표현

Luật sư (명) 변호사

    띠엥   비엣 꼬 코 콩
A Tiếng Việt có khó không?
   베트남어 어려워요?

      콩   코   꼬 코 더우
B Không khó. → Có khó đâu!
   어렵지 않아요. (일반 부정) → 어렵긴요! (강한 부정)

    아인 라 루엇 스 파이 콩
A Anh là luật sư, phải không?
   당신은 변호사가 맞죠?

    또이 콩 파이 라 루엇 스   또이 꼬 파이 라 루엇 스 더우
B Tôi không phải là luật sư. → Tôi có phải là luật sư đâu!
   저는 변호사가 아니에요. (일반부정) → 제가 변호사라니요(아니에요)! (강한 부정)

PART 9

Chị có làm việc ở khách sạn không?

호텔에서 일해요?

"부정명사"

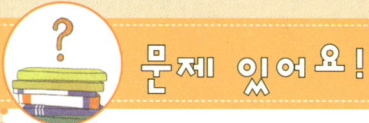

Exercices

1 다음 문장을 완성 시키세요.

(1) 그는 여자 친구를 만나러 하노이에 가요.
→ Anh ấy sang Hà Nội _____ gặp bạn gái.

(2) 그녀는 돈을 벌기 위해서 일을 해요.
→ Cô ấy làm việc _____ kiếm tiền.

(3) 나는 그녀와 화해하기 위해서 그녀의 집을 방문했어요.
→ Tôi đã thăm nhà cô ấy _____ làm lành với cô ấy.

2 다음 빈칸에 알맞은 단어를 골라 넣으세요.

| Mũ | bỏ | mặc | đeo |

(1) Tôi _____ áo nhanh.
나는 옷을 빨리 입어요.

(2) Em trai tôi _____ giày thể thao không cẩn thận.
내 남동생은 조심스럽지 않게 운동화를 벗어요.

(3) Tôi không thích _____ nhẫn.
나는 반지 끼는 것을 좋아하지 않아요.

(4) Vào mùa hè, anh có đội _____ không?
여름에 모자를 써요?

새로운 낱말과 표현

Kiếm tiền (동) 돈을 벌다
Thăm (동) 방문하다
Làm lành (동) 화해를 하다
Nhanh (형) 빠른
Giày thể thao (명) 운동화
Cẩn thận (형) 조심성 있는

 회화　　　　　　　　　　　　　　　　　　　　　　　　**Conversation**

A　Chị đã xem dự báo thời tiết chưa?

B　Theo dự báo thời tiết, hôm nay trời nắng.

A　Mùa thu ở Hà Nội thế nào?

B　Mùa thu ở Hà Nội không những đẹp mà còn dễ chịu (nữa).

A　Khi trời nóng, chị cần gì?

B　Tôi cần áo tắm để đi bơi.

A　Vào mùa hè, tôi đeo kính và đội mũ.

B　Tôi xịt nước hoa.

A 일기예보 봤어요?
B 일기예보에 따르면 오늘은 맑아요.
A 하노이 가을은 어때요?
B 하노이 가을은 아름다울 뿐만 아니라 견디기도 쉬워요.
A 날씨가 더울 때 뭐가 필요해요?
B 나는 수영하러 가기 위해서 수영복이 필요해요.
A 여름에 저는 안경을 쓰고 모자를 써요.
B 저는 향수를 뿌려요.

 패턴회화 4

A **Vào mùa hè, tôi đeo kính và đội mũ.**
   바오 무어 해 또이 대오 낀 바 도이 무
   ~에 들다 여름 나 끼다 안경 그리고 쓰다 모자

여름에 저는 안경을 쓰고 모자를 써요.

B **Tôi xịt nước hoa.**
   또이 씻 느억 호아
   나 뿌리다 향수

저는 향수를 뿌려요.

낱말과 표현

Mặc (동) 입다
Quần áo (명) 의복
Cởi (동) (옷을) 벗다
Giày (명) 신발
Dép (명) 신발, 슬리퍼
Bỏ (동) (신 등을) 벗다
Mũ (명) 모자 (북부)
Nón (명) 모자 (남부)
Đeo (동) 끼다 Tháo (동) 풀다
Nhẫn (명) 반지 Kính (명) 안경
Đồng hồ (명) 시계
Xịt (동) 뿌리다
Nước hoa (명) 향수
Bôi (동) 바르다
Kem (명) 크림, 아이스크림

여길 보시죠!

★ **Vào** (동) '들어가다(오다)'의 뜻으로, 어떤 기간이나 시간 앞에 위치해서 '~에 들어서, ~에'라는 의미로 사용됩니다.
  예) Vào cuối tuần~ 주말에 들어서~, 주말이 되면~

★ **Đeo** (동) (반지)끼다, (안경)쓰다, (시계)차다

★ **Đội** (동) (모자) 쓰다
모자는 Đội라는 동사를 씁니다. Đội Mũ '모자를 쓰다'라는 뜻입니다.

기본 행위 동사	
옷을 입다 Mặc quần áo (막 꾸언 아오)	옷을 벗다 Cởi quần áo (꺼이 꾸언 아오)
신발을 신다 Đi giày/dép (디 자이/잽)	신발을 벗다 Bỏ giày/dép (보 자이/잽)
모자를 쓰다 Đội mũ(북부)/nón(남부) (도이 무/논)	모자를 벗다 Bỏ mũ/nón (보 무/논)
반지를 끼다 Đeo nhẫn (대오 년)	반지를 빼다 Tháo nhẫn (타오 년)
안경을 쓰다 Đeo kính (대오 낀)	안경을 벗다 Tháo kính (타오 낀)
시계를 차다 Đeo đồng hồ (대오 동 호)	시계를 풀다 Tháo đồng hồ (타오 동 호)
향수를 뿌리다 Xịt nước hoa (씻 느억 호아)	크림을 바르다 Bôi kem (보이 깸)

패턴회화 3   Pattern 3

A Khi trời nóng, chị cần gì?
    키   쩌이   농   찌   껀   지
    ~할 때   날씨   더운   당신   필요하다   무엇
날씨가 더울 때, 뭐가 필요해요?

B Tôi cần áo tắm để đi bơi.
    또이   껀   아오 땀   데   디   버이
    나   필요하다   수영복   ~하기 위하여   가다   수영하다
나는 수영하러 가기 위해서 수영복이 필요해요

여길 보시죠!

낱말과 표현

Cần (동) 필요하다
Áo tắm (명) 수영복
Bơi (동) 수영하다
Hát (동) 노래하다
Còn trẻ (형) 아직 젊은
Lấy vợ (동) (남성) 결혼하다,
             부인을 맞이하다.
Du lịch (동) 여행, 관광하다

★ **khi trời nóng, chị cần gì?**

'날씨가 더울 때, 뭐가 필요해요?' Khi + 동사구, ~Khi는 ~할 때를 나타내는 말입니다.

  키 부이 또이 핫
• Khi vui, tôi hát.
  기쁠 때, 나는 노래를 해요

  키 꼰 째 또이 틱 디 쩌이
• Khi còn trẻ, tôi thích đi chơi.
  어렸을 때, 나는 놀러 가는 것을 좋아했어요.

★ **Để** (전)

~하기 위해서 'Để + 동사구'는 목적을 나타내는 말입니다.

  아인 혹 띠엥 비엣 데 람 지
A Anh học tiếng Việt để làm gì?
    무엇을 하기 위해서 베트남어를 배워요?

  또이 혹 띠엥 비엣 데 러이 버 비엣 남
B Tôi học tiếng Việt để lấy vợ Việt Nam.
    저는 베트남 아내를 맞이하려고 베트남어를 공부해요

  또이 혹 띠엥 비엣 데 주 릭 비엣 남
C Tôi học tiếng Việt để du lịch Việt Nam.
    저는 베트남을 여행하려고 베트남어를 배워요

 **패턴회화 2**

무어 투 어 하 노이 테 나오
A Mùa thu ở Hà Nội thế nào?
   가을   ~에 있다 하노이   어때요
하노이 가을은 어때요?

무어 투 어 하 노이 콩 니응
B Mùa thu ở Hà Nội không những
   가을   ~에 있다 하노이

댑 마 꼰 제 찌우 느어
đẹp mà còn dễ chịu (nữa).
아름다운   쉬운 견디다 더
하노이 가을은 아름다울 뿐만 아니라 견디기도 쉬워요.

낱말과 표현

Dễ (형) 쉽다
Chịu (동) 참다, 견디다
Nữa (부) 더, 게다가 (추가의 의미)
Khô (형) 건조한
Đẹp trai (형) 잘생긴
Thông minh (형) 똑똑하다
Cà phê (명) 커피
Rẻ (형) 싸다
Ngon (형) 맛있다

여길 보시죠!

★ **Mùa thu** (명) '가을'이라는 뜻으로 베트남 북부지방에는 뚜렷하지는 않지만 Bốn mùa 4계절이 있어요.

무어 쑤언 Mùa xuân	봄	2월~4월	무어 해 하 Mùa hè (hạ)	여름	5월~7월
무어 투 Mùa thu	가을	8월~10월	무어 동 Mùa đông	겨울	11월~1월
무어 Mùa	계절, ~철		쑤언 하 투 동 Xuân hạ thu đông	춘하추동	

※ 베트남 남부지방은 우기와 건기만 있어요.
　　　무어 므어　　　무어 코
우기 Mùa mưa / 건기 Mùa khô

★ **Không những~ mà còn~(nữa)**
'~할 뿐만 아니라 ~하기까지 하다'

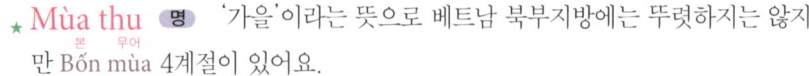
· Anh ấy không những đẹp trai mà còn thông minh (nữa).
그는 잘생겼을 뿐만 아니라, 똑똑하기까지 해요.

까 페 비엣 남 콩 니응 재 마 꼰 응온 느어
· Cà phê Việt Nam không những rẻ mà còn ngon (nữa).
베트남 커피는 쌀 뿐만 아니라, 맛있기도 해요.

패턴회화 1

Pattern 1

A Chị đã xem dự báo thời tiết chưa?
찌   다   쌤   즈 바오 터이 띠엣   쯔어
당신   보다 예보   날씨

일기예보 봤어요?

B Theo dự báo thời tiết, hôm nay trời nắng.
태오   즈 바오 터이 띠엣   홈 나이   쩌이   낭
~에 따르다 예보   날씨   오늘   하늘   맑은

일기예보에 따르면 오늘은 맑아요.

낱말과 표현

Dự báo (명) 예상, 예보
Thời tiết (명) 날씨
Dự báo thời tiết (명) 일기 예보
Nắng (형) 맑은, 햇빛이 잘 드는
Mưa (동) 비가 내리다
Nóng (형) 뜨겁다, 덥다
Ẩm (형) 습하다
Mây (명) 구름
Rét (형) 차갑다, 춥다(=Lạnh)
Mát (형) 시원하다

역길 보시죠!

★ **Chị đã xem dự báo thời tiết chưa?**

'일기예보 봤어요?' (상대방이 봤는지 아직 안 봤는지 물어보는 문장이므로 여부를 묻는 đã~chưa? 구문을 사용합니다.)

★ **Theo** (동) 가지고 가다

(전) ~에 따르면

- Theo báo Hàn Quốc~ 한국 신문에 따르면 ~
  태오 바오 한 꾸옥
- Theo tôi, ~ 내 생각에는~
  태오 또이

직역하면 '나에 따르면'이라는 뜻이지만 관용적으로 '내 생각에는~'이라고 자기 의견을 말할 때 사용합니다.

★ **Trời** (명)

'하늘'이라는 뜻이지만 날씨를 말할 때 영어의 It을 쓰는 것처럼 베트남에서도 Trời '하늘'이란 뜻을 가진 단어를 문장 앞에 써서 날씨를 말합니다.

- Trời mưa. (날씨가) 비가 와요.
  쩌이 므어
- Trời nóng và ẩm. (날씨가) 덥고 습해요.
  쩌이 농 바 엄
- Trời có nhiều mây. (날씨가) 구름이 많아요.
  쩌이 꼬 니에우 머이
- Trời rét. (날씨가) 추워요. (같은 뜻으로 남부에서는 Trời lạnh)
  쩌이 쩻   쩌이 라인
- Trời mát. (날씨가) 시원해요.
  쩌이 맛

PART 8

Chị đã xem dự báo thời tiết chưa?

일기예보 봤어요?

"기본 행위 동사"

쉬어가기

베트남의 볼거리

북부지방

하롱베이 Vịnh Hạ Long
유네스코 지정 세계문화유산으로 등록된 '하롱베이'는 드넓은 바다 위에 약 3,000여 개의 기암괴석이 펼쳐져 있어서 여러 편의 영화와 CF의 배경이 되기도 했다. 개별적으로 방문할 수도 있지만 대부분 여행자는 빠르고 편리한 하노이 현지여행사를 이용해서 가는 경우가 많다.

사파 Sa Pa
하노이에서 북서쪽으로 떨어진 고산마을 '사파'의 매력은 자연 그대로의 환경과 사람들이다. 베트남은 54개의 소수민족으로 이루어져 있는데 '사파'에 가면 전통 의상을 입고 토속적인 삶을 살아가는 고산족을 만날 수 있다. 여름철은 한낮에는 덥지만 아침 저녁에는 기온이 많이 떨어지므로 긴 옷을 준비하고 도로 사정이 좋지 않으므로 운동화를 꼭 신어야 한다.

중부지방

후에 Huế
'후에'는 베트남 중부지방의 도시로 근 140년간 19세기 중심지였다. 하지만 전쟁 중에 대부분 소실되고 1993년에 유네스코에 세계문화유산으로 지정되면서부터 유적들을 복원 보전하는 작업들이 이루어지고 있다. '후에'의 '흐엉' 강변에서는 고풍스러운 멋을 느낄 수 있다.

호이 안 Hội An
'후에' 아래에 있는 '호이 안'은 무역에 유리한 지리적 특성 덕분에 과거에 가장 번성했던 항구였다. 각국의 상인들이 다녀가면서 여러 문화가 뒤섞였으며 지금도 이곳에서는 다문화적인 분위기를 느낄 수 있다. 이곳의 옛 거리는 볼거리들이 집중되어 있다.

냐짱 Nha Trang
'냐짱'은 베트남 최고 해변 휴양지로서 아름다운 백사장과 석양이 유명하다. 최근에 만들어진 케이블카로 주변을 즐길 수 있고 냐짱 해변 북쪽에는 '뽀나가 짬 탑'이 '참파 왕국'의 모습을 보여준다.

남부지방

호찌민 시 Thành phố Hồ Chí Minh
베트남의 수도는 '하노이'이지만 경제 중심지는 '호찌민'이다. 그래서 호찌민 시는 늘 활기로 넘친다. 시내의 통일궁과 박물관, 성당, 사이공 강은 빼놓을 수 없는 구경거리이고, 잘 정비된 거리를 걸으면 어느덧 유럽에 와 있는 듯한 느낌이 든다. 단, 호찌민은 여행객을 노리는 범죄가 많이 일어나는 곳이므로 항상 소지품에 유의하도록 한다.

메콩델타
'호찌민'시 남서쪽에 위치한 '메콩델타' 지역은 우리가 텔레비전에서만 보았던 동남아의 분위기를 그대로 느낄 수 있는 곳이다. 수상가옥과 수상시장을 직접 볼 수 있고, 사탕수수 체험도 할 수 있다.
호찌민 시 Đề Thăm 거리는 여행객들의 거리로 유명한데 각종 메콩델타 투어가 많으므로 꼭 가보는 것이 좋다.

하롱베이

 **Exercices**

1 다음 문장 중에서 옳은 문장을 골라 ✔표 하세요.

(1) Bây giờ là giờ mấy?
지금 몇 시예요?   (   )

(2) Một giờ kém bảy.
한시 칠 분 전이에요.   (   )

(3) Mấy giờ đi?
몇 시에 가요?   (   )

(4) Buổi trưa tôi không ăn trưa.
정오에 저는 점심을 먹지 않아요. (   )

2 빈칸에 알맞은 단어를 넣으세요.

(1) Bây giờ là đ☐☐☐ một giờ.
지금은 정각 한시예요.

(2) Chúng tôi ☐☐i là bạn thân ☐☐i.
우리는 단지 친한 친구일 뿐이에요.

(3) Hôm nay tôi ☐☐ải giúp mẹ tôi.
오늘 나는 어머니를 도와야 해요.

(4) Tôi kh☐☐g ☐☐ thời gian.
나는 시간이 없어요.

Conversation

A   Xin lỗi, bây giờ là mấy giờ?

B   Bây giờ là bốn giờ hai mươi phút.

A   Bao giờ cô về nhà?

B   Tôi về nhà lúc bảy giờ tối.

A   Hàng ngày cô đi làm lúc mấy giờ?

B   Hàng ngày tôi phải đi làm lúc tám giờ.

A   Cô có thời gian không?

B   Tôi chỉ có thời gian buổi tối thôi.

A 실례지만 지금 몇 시예요?
B 지금 4시 20분이에요.
A 언제 집에 가요?
B 저녁 7시에 집에 가요.
A 매일 당신은 몇 시에 일하러 가요?
B 매일 저는 8시에 일하러 가야 해요.
A 시간 있어요?
B 저는 저녁에만 시간이 있어요.

패턴회화 4

	꼬	꼬	터이 쟌	콩
A	Cô	có	thời gian	không?
	당신		시간	

시간 있어요?

	또이	찌	꼬	터이 쟌	부오이 또이	토이
B	Tôi	chỉ	có	thời gian	buổi tối	thôi.
	나	단지	가지고있다	시간	저녁	~뿐

저는 저녁에만 시간이 있어요.

여길 보시죠!

낱말과 표현

Có (동) 있다, 가시고 있나
Thời gian (명) 시간
Sách (명) 책
Bút (명) 펜

★ **Cô có thời gian không?** '시간 있어요?'

'~가 있어요.?' 의문문은 '주어 + có + 명사 + không?'으로 만듭니다.

아인 꼬 사익 콩
• Anh có sách không?
  책 있어요?

찌 꼬 붓 콩
• Chị có bút không?
  펜 있어요?

★ **Chỉ ~thôi**

'단지 ~일 뿐이다'라는 뜻을 만드는 표현입니다. chỉ나 thôi만으로도 표현할 수 있습니다.

또이 찌 우옹 비어 토이
A Tôi chỉ uống bia thôi.
  저는 맥주만 마셔요.

또이 찌 쌤 핌 토이
B Tôi chỉ xem phim thôi.
  저는 영화만 봐요.

패턴회화 3

항	응아이	꼬	디	람	룩	머이	져
A Hàng	ngày	cô	đi	làm	lúc	mấy	giờ?
매일		당신	가다	일하다	~에	몇	시

매일 당신은 몇 시에 일하러 가요?

항	응아이	또이	파이	디	람	룩	땀	져
B Hàng	ngày	tôi	phải	đi	làm	lúc	tám	giờ.
매일		나	~해야 하다	가다	일하다	~에	8	시

매일 저는 8시에 일하러 가야 해요.

여길 보시죠!

낱말과 표현

Hàng ngày (명) 매일
Làm (동) 일하다

★ **Hàng** (형)

'매, 각각의'라는 뜻으로 일, 주, 월, 년과 결합하며 영어의 every와 같은 뜻을 가집니다.

일(日) Hàng ngày 매일, 주(週) Hàng tuần 매주, 월(月) Hàng tháng 매달, 년(年) Hàng năm 매년

★ **Phải** (형) 옳다

(동) '~해야 한다'라는 뜻으로, 동사 앞에 phải를 붙이면 '(당연히) ~해야 한다'라는 당위성을 나타냅니다.

　　버이　져　또이　파이　람　지
A　Bây giờ tôi phải làm gì?
　지금 제가 무엇을 해야 하나요?

　　찌　파이　혹　띠엥　비엣
B　Chị phải học tiếng Việt.
　베트남어를 공부해야 해요.

패턴회화 2

역길 보시죠!

★ **하루 중 시간을 나타내는 말**

아침, 오전 1시~11시	Buổi sáng (부오이 상)
점심, 정오 11시~13시	Buổi trưa (부오이 쯔어)
오후 13시~18시	Buổi chiều (부오이 찌에우)
저녁 19시~22시	Buổi tối (부오이 또이)
밤 22시~24시	Ban đêm (반 뎀)

낱말과 표현

Buổi (명) 하루 중 일정한 시간대 앞에 붙이는 말

※ 위의 표처럼 시간대를 구분할 때 Buổi은 하루 중 일정한 시간대 앞에 붙이는 말을 쓰지만 시간과 결합할 때는 Buổi을 쓰지 않습니다.

시간대를 말할 때 우리말과 반대로 말합니다. 시간을 먼저 말하고 하루 중 시간대를 붙입니다. 예를 들면,

- 오후 5시   Năm giờ chiều (남 저 찌에우)
- 내일 저녁 8시   Tám giờ tối (ngày) mai (땀 저 또이 응아이 마이)

또한 하루 중 시간대를 나타내는 말은 우리말처럼 식사와 관련하여서도 쓰입니다.

- 아침 먹다   ăn sáng (안 상)
- 점심 먹다   ăn trưa (안 쯔어)
- 저녁 먹다   ăn tối (안 또이)
- 야식 먹다   ăn đêm (안 뎀)

패턴회화 2

A Bao giờ cô về nhà?
　　　언제　　당신　돌아가다(오다)　집
언제 집에 가요?

B Tôi về nhà lúc bảy giờ tối.
　　　나　돌아가다(오다)　집　~에　7　시　저녁
저녁 7시에 집에 가요.

여길 보시죠!

낱말과 표현

Sang (동) (건너)가다

★ **Bao giờ** (의)

'언제'라는 의문사입니다. 같은 뜻으로 Khi nào = Lúc nào라는 말을 씁니다. 단, Bao giờ의 위치에 따라서 시제 표현 없이도 시제 표현이 가능합니다. 문장 앞에 위치하면 미래의 '언제', 문장 끝에 위치하면 과거의 '언제'를 묻는 표현이 됩니다. 예를 들면,

- Bao giờ chị sang Việt Nam?
  언제 베트남에 가요? (미래)

- Chị sang Việt Nam bao giờ?
  언제 베트남에 갔어요? (과거)

★ **Về** (동) 돌아가다, 돌아오다

★ **Tối** (명) 저녁

★ **Lúc** (전) '~에'라는 뜻으로 시간 앞에 쓰이는 전치사입니다.

패턴회화 1

Pattern 1

	씬 로이	버이 져	라	머이	져
A	Xin lỗi,	bây giờ	là	mấy	giờ?
	실례하다	지금	~이다	몇	시

실례지만 지금 몇 시예요?

	버이 져	라	본 져	하이 므어이 풋
B	Bây giờ	là	bốn giờ	hai mươi phút.
	지금	~이다	4시	20 분

지금 4시 20분이에요.

엿길 보시죠!

낱말과 표현

Bây giờ (명) 지금
Giờ (명) 시
Phút (명) 분
Giây (명) 초

★ **Xin lỗi, bây giờ là mấy giờ?**

'실례지만, 지금 몇 시예요?'라는 뜻으로 시간을 물을 때 쓰는 말입니다. 또 다른 표현으로는, 간단하게 Mấy giờ? 몇 시? → 몇 시예요? (= Mấy giờ rồi? 몇 시나 됐어요?)라고 쓸 수 있습니다.
시간을 말할 때는 우리와 어순이 같습니다. 시 → 분 → 초

★ **Xin lỗi** 동

'용서를 빌다, 사과하다, 미안하다, 실례하다'라는 뜻으로 상대방에게 양해를 구할 때 씁니다.

★ **kém** 깸 형 부족하다, 모자라다, ~분 전
　· Ba giờ kém năm. 3시 5분 전이에요.

★ **Khoảng** 코앙 부 약, 대략
　· Khoảng mười hai giờ rồi. 12시쯤 됐어요.

★ **Đúng** 둥 형 올바른, 정확한
　· Đúng chín giờ. 정각 9시예요.

★ **rưỡi** 즈어이 명 어느 단위의 반
　· Tám giờ rưỡi. 8시 반이에요.

PART 7

Xin lỗi, bây giờ là mấy giờ?

실례지만 지금 몇 시예요?

"시간"

쉬어가기

베트남의 숙박 및 관광명소

숙박시설

베트남의 숙박시설은 nhà nghỉ, nhà trọ, khách sạn mini, khách sạn cao cấp 등이 있다. nhà nghỉ와 nhà trọ는 현지인들이 이용하는 곳이고 여행객들이 가장 많이 이용하는 곳은 게스트 하우스 격인 khách sạn mini이다. khách sạn cao cấp은 3성급 호텔부터 5성급 호텔까지 있다.
게스트 하우스 khách sạn mini는 10~12달러(1일)면 괜찮은 숙소를 구할 수 있다. 15달러 이상이면 식사까지 제공되는 곳도 많다. 단, 주의할 점은 체크아웃 시 숙박비의 10%를 청구하여 별도 계산하는 곳도 있기 때문에 반드시 확인해야 한다.

하노이의 관광명소

호찌민 묘 Lăng Chủ Tịch Hồ Chí Minh

호찌민은 'Bác Hồ' 호 아저씨란 뜻으로 베트남사람들에겐 영웅적인 존재이다. 남부의 최대 경제도시 호찌민 시는 호찌민의 이름을 딴 것이고, '하노이'의 호찌민 묘소에는 시신이 안장되어 있으며 10~12월에는 개방을 하지 않는다. 오전에만 문을 열고 단정한 차림으로 방문해야 관람이 가능하다.

호찌민 묘

문묘 Văn miếu

베트남 최초의 대학으로 원래는 유교사원으로 만들어졌다. 과거 시험도 여기에서 치러져서 합격한 사람들의 이름과 업적을 새긴 거북비석이 오른쪽 한쪽에 모아져 있으며, 중국 영향을 받은 베트남 문화를 그대로 느낄 수 있는 곳으로, 1년 내내 여행객들로 붐비는 곳이다.

호안끼엠 호수 Hồ Hoàn Kiếm

하노이의 대표적인 '호안끼엠' 호수의 뜻은 '검을 돌려주다'라는 뜻으로 '레 러이 왕'이 이 호수에서 거북이가 주는 검으로 중국 명나라와의 싸움에서 승리를 거둔 후 다시 검을 그 거북에게 돌려줬다는 전설이 전해져온다. 아침, 저녁에는 운동하는 시민들로 북적이고 낮에는 노인, 외국인 등 휴식을 취하는 사람들의 모습을 볼 수 있다.

수상인형극

약 1시간 20분 정도 상영되는 수상인형극은 늘 관광객들로 붐빈다. 날마다 매 시간마다 상영하며, 가려진 막 뒤에는 사람이 인형을 조정하고 인형들은 수상 위에서 자유자재로 극을 만들어 나간다. 왼쪽에는 악단이 해설과 민요를 부르며 흥을 돋운다. 영어, 불어로 안내방송을 하고 영어, 불어, 일본어, 한국어 팜플렛이 있다.

문제 있어요!
Exercices

1 다음 문장 중에서 옳은 문장을 골라 ✔표 하세요.

(1) Thứ năm là ngày mồng ba mươi mốt.
목요일은 31일이에요.   (   )

(2) Tháng sau là tháng mấy?
다음 달은 몇 월이에요?   (   )

(3) Ngày mồng hai tháng tư là sinh nhật của tôi.
4월 2일은 제 생일이에요.   (   )

2 다음 한나 씨의 6월 달력을 보고 밑줄에 알맞은 단어를 써넣으세요.

Tháng sáu						
Chủ nhật	Thứ hai	Thứ ba	Thứ tư	Thứ năm	Thứ sáu	Thứ bảy
1	2	3	4	5	6	7 Ngày sinh nhật của chồng tôi
8	9	10	11	12 Ngày lĩnh lương	13	14
15	16	17 Ngày kỷ niệm kết hôn	18	19	20	21
22	23	24	25	26	27	28 Ngày chuyển nhà
29	30					

(1) Ngày sinh nhật của chồng tôi là (내 남편의 생일은................)
_____

(2) Han-na lĩnh lương vào ngày bao nhiêu? (한나는 며칠에 월급을 받습니까?)
_____

(3) Ngày mười bảy là ngày gì? (17일은 무슨 날이에요?)
_____

새로운 낱말과 표현

Chồng (명) 남편
Lĩnh (동) 받다, 수령하다
Lương (명) 급여
Kỷ niệm (명) 기념
Kết hôn (명) 결혼
Chuyển (동) 바꾸다

회화   **Conversation**

A   Hôm nay là ngày bao nhiêu?

B   Hôm nay là ngày hai mươi bốn.

A   Ngày mai là thứ mấy?

B   Ngày mai là thứ bảy.

A   Cuối tuần cô sẽ làm gì?

B   Cuối tuần tôi sẽ ở nhà.

A   Chủ nhật tuần này là sinh nhật của tôi.

B   Chúc mừng sinh nhật!

A 오늘은 며칠이에요?
B 오늘은 24일이에요.
A 내일은 무슨 요일이에요?
B 내일은 토요일이에요.
A 주말에 당신은 뭐 할 거예요?
B 주말에 나는 집에 있을 거예요.
A 이번 주 일요일은 제 생일이에요.
B 생일 축하해요!

 **패턴회화 4** Pattern 4

쭈 녓 뚜언 나이 라 신 녓 꾸어 또이
A Chủ nhật tuần này là sinh nhật của tôi.
일요일   이번 주   ~이다   생일   ~의   나

이번 주 일요일은 제 생일이에요

쭉 믕   신 녓
B Chúc mừng sinh nhật!
축하하다   생일

생일 축하해요!

역길 보시죠!

★ **Sinh nhật** (명) 생일

★ **Chúc** (부) ~을 바라다, 축하하다

★ **Mừng** (동) 축하하다, (형) 기쁜, 행복한
Mừng은 동사와 형용사 모두 쓸 수 있습니다.

　　쭉   믕   남 머이
. Chúc mừng năm mới !
근하신년
　　쭉 꾸오이 뚜언 부이 배
. Chúc cuối tuần vui vẻ !
주말 잘 보내세요.
　　쭉   응우 응온
. Chúc ngủ ngon !
잘 자요.

낱말과 표현

Chúc mừng (동) 축하하다
Năm mới (명) 새해
Vui vẻ (형) 즐거운, 유쾌한
Ngủ (동) 자다

Pattern 3

여길 보시죠!

★ 날짜를 나타내는 말

그저께	hôm kia (홈 끼어)	어제	hôm qua (홈 꾸아)
오늘	hôm nay (홈 나이)	내일	ngày mai (응아이 마이)
모레	ngày kia (응아이 끼어)	지지난주	tuần trước nữa (뚜언 쯔억 느어)
지난주	tuần trước (뚜언 쯔억)	이번 주	tuần này (뚜언 나이)
다음 주	tuần sau (뚜언 사우)	다다음 주	tuần sau nữa (뚜언 사우 느어)
지지난달	tháng trước nữa (탕 쯔억 느어)	지난달	tháng trước (탕 쯔억)
이번 달	tháng này (탕 나이)	다음 달	tháng sau (탕 사우)
다다음 달	tháng sau nữa (탕 사우 느어)	재작년	năm kia (남 끼어)
작년	năm trước (남 쯔억) (=năm ngoái) (남 응와이)	올해	năm nay (남 나이)
내년	năm sau (남 사우) (=sang năm) (상 남)	내후년	năm sau nữa (남 사우 느어)

※ Hôm nay 오늘과 Năm nay 올해는 nay에 성조가 없습니다.

낱말과 표현

Trước (전) 앞에, 전에
Sau (전) 뒤에, 후에

06과 내일은 무슨 요일이에요? 79

패턴회화 3

A 꾸오이 뚜언 꼬 새 람 지
Cuối tuần cô sẽ làm gì?
끝　주　당신　~할 것이다　~하다　무엇

주말에 당신은 뭐 할 거예요?

B 꾸오이 뚜언 또이 새 어 냐
Cuối tuần tôi sẽ ở nhà.
끝　주　나　~할 것이다　~에 있다　집

주말에 나는 집에 있을 거예요.

여길 보시죠!

낱말과 표현

Cuối (명) 끝, 마지막
Tuần (명) 주
Học (동) 공부하다
Đi học (동) 공부하러 가다 → '학교 가다'로 굳어진 표현
Vừa (부) 막, 방금

★ **Cuối tuần** (명) 끝[末], 마지막이라는 뜻의 'cuối'와 주(週)라는 뜻의 'tuần' 이 합쳐져 '주말'이라는 명사가 됩니다.

★ **Sẽ** (동) '~할 것이다, ~할 거예요'라는 의미로 미래 시제를 나타냅니다.

과거	또이 다 디 혹 Tôi đã đi học. 나는 학교에 갔어요.
근접 과거	또이 머이 디 혹 Tôi mới đi học. 나는 막, 방금 학교에 갔어요. 또이 브어 디 혹　　또이 브어 머이 디 혹 = Tôi vừa đi học. = Tôi vừa mới đi học.
현재	또이 디 혹 Tôi đi học. 나는 학교에 가요.
현재 진행	또이 당 디 혹 Tôi đang đi học. 나는 학교에 가는 중이에요.
근접 미래	또이 삽 디 혹 Tôi sắp đi học. 나는 곧 학교에 가요.
예정된 미래	또이 딘 디 혹 Tôi định đi học. 나는 학교에 갈 예정이에요. (나는 학교에 가려고 해요)
미래	또이 새 디 혹 Tôi sẽ đi học. 나는 학교에 갈 거예요.

※ 베트남어는 문장에 시간이나 때를 나타내는 단어가 있으면 시제를 생략해서 말하기도 합니다.

> 여길 보시죠!

그리고, Thứ는 순서나 등급을 나타낼 때 쓰입니다.

★ **서수**

Thứ nhất (트 녓)	첫 번째
Thứ hai (트 하이)	두 번째
Thứ ba (트 바)	세 번째
Thứ tư (트 뜨)	네 번째
Thứ năm (트 남)	다섯 번째
Thứ sáu (트 사우)	여섯 번째
Thứ bảy (트 바이)	일곱 번째
Thứ tám (트 땀)	여덟 번째
Thứ chín (트 찐)	아홉 번째
Thứ mười (트 므어이)	열 번째

단, 서수를 말할 때 첫 번째는 một(1) 대신 nhất, 네 번째는 bốn(4) 대신 tư로 바뀌는 점을 유의하세요! 요일도 이러한 서수를 쓰니, 수요일은 Thứ bốn이 아닌 Thứ tư입니다.

A **Hôm nay là (hôm) thứ mấy?** (홈 나이 라 홈 트 머이)
오늘 무슨 요일이야?

B **Hôm nay là (hôm) thứ năm.** (홈 나이 라 홈 트 남)
오늘 목요일이야.

Thứ mấy?는 요일을 묻는 굳어진 표현이므로 hôm(날)을 생략할 수 있습니다.

패턴회화 2

A Ngày mai là thứ mấy?
   응아이 마이 라 트 머이
   내일 ~이다 몇 번째

내일은 무슨 요일이에요?

B Ngày mai là thứ bảy.
   응아이 마이 라 트 바이
   내일 ~이다 7번째

내일은 토요일이에요.

옆길 보시죠!

낱말과 표현

Thứ (명) 순서, 등급
Nhất (명) 하나, 첫째
Tư (수) 4, 넷

★ **Thứ mấy?**

직역하면 '몇 번째?' 하지만 달력상에서 요일을 보면, 일요일은 Chủ nhật 주일 (主日), 월요일은 Thứ hai 두 번째, 화요일은 Thứ ba 세 번째, 수요일은 Thứ tư 네 번째 … 등의 칸으로 이루어져 있습니다.
그래서 요일을 물을 때, 몇 번째 날이냐고 물으니 이제 이해가시죠?

주일	월요일	화요일	수요일
쭈 녓 chủ nhật	트 하이 thứ hai	트 바 thứ ba	트 뜨 thứ tư
목요일	금요일	토요일	
트 남 thứ năm	트 사우 thứ sáu	트 바이 thứ bảy	

Pattern 1

여길 보시죠!

★ **Ngày bao nhiêu? = Ngày mồng mấy?**

'며칠이에요?' 둘 다 날짜를 물어보는 표현이지만, Mồng이란 단어는 1일~10일 사이 날짜에만 쓰이므로, Ngày mồng mấy?라고 날짜를 물으면 초순경임을 알지만 정확한 날짜를 모를 때 사용하기도 합니다.

★ 월 **Tháng**

1월	Tháng một (탕 못)	2월	Tháng hai (탕 하이)
3월	Tháng ba (탕 바)	4월	Tháng tư (탕 뜨)
5월	Tháng năm (탕 남)	6월	Tháng sáu (탕 사우)
7월	Tháng bảy (탕 바이)	8월	Tháng tám (탕 땀)
9월	Tháng chín (탕 찐)	10월	Tháng mười (탕 므어이)
11월	Tháng mười một (탕 므어이 못)	12월	Tháng mười hai (탕 므어이 하이)

★ 년 **Năm**

Hôm nay là ngày mười bốn tháng bảy năm hai nghìn không trăm mười bốn. 오늘은 2014년 7월 14일입니다.
(홈 나이 라 응아이 므어이 본 탕 바이 남 하이 응인 콩 짬 므어이 본)

★ 일 **Ngày**

1일	Ngày mồng(=mùng) một	2일	Ngày mồng(=mùng) hai
3일	Ngày mồng(=mùng) ba	4일	Ngày mồng(=mùng) bốn
5일	Ngày mồng(=mùng) năm	6일	Ngày mồng(=mùng) sáu
7일	Ngày mồng(=mùng) bảy	8일	Ngày mồng(=mùng) tám
9일	Ngày mồng(=mùng) chín	10일	Ngày mồng(=mùng) mười
11일	Ngày mười một	12일	Ngày mười hai
15일	Ngày mười lăm(=nhăm)		5 năm이 lăm이나 nhăm으로 바뀝니다.
20일	Ngày hai mươi		10 mười의 성조가 없어집니다.
21일	Ngày hai mươi mốt		1 một의 성조가 21, 31, 41... 부터는 mốt으로 성조가 바뀝니다.
25일	Ngày hai mươi lăm(=nhăm)		
30일	Ngày ba mươi	31일	Ngày ba mươi mốt

패턴회화 1

홈	나이	라	응아이	바오	니에우
A **Hôm nay là ngày bao nhiêu?**
오늘은 ~이다 일 얼마나 많이

오늘은 며칠이에요?

홈	나이	라	응아이	하이	므어이	본
B **Hôm nay là ngày hai mươi bốn.**
오늘은 ~이다 일 24

오늘은 24일이에요.

여길 보시죠!

낱말과 표현

Tháng (명) 월
Mấy (의) 몇

★ **Ngày bao nhiêu?**
직역하면 '얼마나 많은 날?' 하지만 달력상에서 얼마나 날이 지났는지 그 의미를 물음으로 날짜를 묻는 관용적인 표현입니다.

★ **Hôm** (명) 날, 일. 주로 과거의 날을 말할 때 쓰입니다.

★ **Hôm nay** (명) 오늘 (Hôm qua 어제, Ngày mai 내일)

★ **Ngày** (명) 날, 일. 주로 미래의 날을 말할 때 쓰입니다.
날짜를 말하는 순서는 우리와 다르게 작은 단위부터 큰 단위로 읽어가면 됩니다. 이를 테면, 요일 → 날짜 → 월 → 해 순서가 됩니다.

　　　홈　나이 라 응아이　바오　니에우　탕　머이
A **Hôm nay là ngày bao nhiêu tháng mấy?** 오늘은 몇 월 며칠이에요?

　　　홈　나이 라 응아이 므어이 땀 탕 하이
B **Hôm nay là ngày mười tám tháng hai.** 오늘은 2월 18일이에요.

※ 달마다 초순 10일간을 묻고 답할 때는 숫자 앞에 mồng(=mùng)이란 단어를 붙입니다.

　　　홈　나이 라 응아이　몽　머이
A **Hôm nay là ngày mồng mấy?** 오늘은 며칠이에요?

　　　홈　나이 라 응아이　몽　사우
B **Hôm nay là ngày mồng sáu.** 오늘은 6일이에요.

PART 6

Ngày mai là thứ mấy?

내일은 무슨 요일이에요?

"날짜와 시제"

문제 있어요!

Exercices

1 다음 문장 중 옳은 표현을 골라서 ✔표 하세요.

(1) Anh thích phim loại nào?   (   )
   (당신은 어떤 종류의 영화를 좋아해요?)

(2) Tôi chơi bóng bàn sở thích.   (   )
   (나의 취미는 탁구예요.)

(3) Chúng tôi đi nhé!   (   )
   (우리 갑니다!)

(4) Tuy không thích và tôi vẫn xem bóng đá.   (   )
   (비록 좋아하지는 않지만 나는 여전히 축구를 봐요.)

2 다음 빈칸에 알맞은 문자를 써 넣으세요.

(1) 당신은 어떤 종류의 책을 좋아하나요?
   → Anh thích sách l☐☐i nào?

(2) 그의 취미는 잡지 보기에요.
   → S☐ th☐☐☐ của anh ấy là xem tạp chí.

(3) 비록 그녀는 예쁘지는 않지만 정말 착해요.
   → Mặc dù không xinh n☐☐g cô ấy rất hiền.

 **회화**   Conversation

A   Sở thích của anh là gì?

B   Sở thích của tôi là nghe nhạc.

A   Cô thích loại nhạc nào?

B   Tôi thích nhạc cổ điển.

A   Mặc dù không thích nhạc cổ điển nhưng tôi muốn nghe cùng với cô.

B   Chúng ta đi nghe nhạc cổ điển nhé.

A   May mà tôi gặp lại được cô.

B   Tôi vừa gặp anh vừa nghe nhạc cổ điển.

A 당신의 취미는 뭐예요?
B 제 취미는 음악듣기에요.
A 어느 장르의 음악을 좋아하나요?
B 저는 고전음악을 좋아해요.
A 비록 고전음악을 좋아하지 않지만 당신과 같이 듣고 싶어요.
B 우리 고전음악 들으러 가요.
A 다행스럽게도 저는 당신을 다시 만날 수 있어요.
B 저는 당신을 만나면서 고전음악을 듣네요.

패턴회화 4

Pattern 4

A May mà tôi gặp lại được cô.
마이 마 또이 갑 라이 드억 꼬
다행히 나 만나다 다시 ~할수있다 당신

다행스럽게도 저는 당신을 다시 만날 수 있어요.

B Tôi vừa gặp anh vừa nghe nhạc cổ điển.
또이 브어 갑 아인 브어 응애 낙 꼬 디엔
나 만나다 당신 듣다 음악 고전

저는 당신을 만나면서 고전음악을 듣네요.

여길 보시죠!

낱말과 표현

Được (동) ~할 수 있다 (동사 뒤)
Nhớ (동) 기억하다, 그립다, 보고 싶다
Cơm (명) 밥
Đọc (동) 읽다
Báo (명) 신문
Tiếng Nhật (명) 일본어

★ **May mà~** 부 다행스럽게도~

★ **Lại** 부 '다시'라는 뜻으로 동사 뒤에 쓰입니다.

A May mà tôi đã nhớ lại.
마이 마 또이 다 녀 라이
다행스럽게도 다시 기억이 났어요.

B May mà tôi không bận.
마이 마 또이 콩 번
다행히 난 바쁘지 않아요.

★ **Vừa~vừa~**

'~하면서 ~한다, ~하기도 하고 ~하기도 한다' 동사 앞에 위치하며 동시성을 나타냅니다.

A Tôi vừa ăn cơm vừa đọc báo.
또이 브어 안 껌 브어 독 바오
나는 밥을 먹으면서 신문을 읽어요.

B Tôi vừa học tiếng Việt vừa học tiếng Nhật.
또이 브어 혹 띠엥 비엣 브어 혹 띠엥 녓
나는 베트남어를 공부하기도 하고 일본어를 공부하기도 한다.

05과 저는 고전음악을 좋아해요.

패턴회화 3 — Pattern 3

막	주	콩	틱	냑	꼬	디엔	니응

A **Mặc dù không thích nhạc cổ điển nhưng**
비록 ~아니다 좋아하다 음악 고전 그러나

또이 무온 응애 꿍 버이 꼬
tôi muốn nghe cùng với cô.
나는 원하다 듣다 같이 ~와 당신

비록 고전음악을 좋아하지 않지만 당신과 같이 듣고 싶어요.

쭝 따 디 응애 냑 꼬 디엔 녜
B **Chúng ta đi nghe nhạc cổ điển nhé.**
우리 가다 듣다 음악 고전 ~해요

우리 고전음악 들으러 가요.

여길 보시죠!

★ **Mặc dù (Tuy)~ nhưng ~** '비록 ~하지만 ~하다'라는 뜻이 됩니다.

★ **Cùng** 〈부〉 ~와 같이, 함께

★ **Với** 〈전〉 ~와(함께)

★ **Nhé** 〈부〉
'~하자' 베트남어에서 흔히 쓰이는 ~nhé는 권유할 때나 제의할 때 문장 끝에 붙여 가장 많이 쓰는 표현입니다. Nhá로 발음하기도 합니다.

막 주 콩 씬 니응 또이 젓 틱 꼬 어이
A **Mặc dù không xinh nhưng tôi rất thích cô ấy.**
비록 예쁘지는 않지만 나는 그녀를 좋아해요.

뚜이 번 니응 또이 번 쌤 핌 버이 아인 어이
A **Tuy bận nhưng tôi vẫn xem phim với anh ấy.**
비록 바쁘지만 나는 여전히 그와 영화를 봐요.

낱말과 표현

Mặc dù 〈부〉 비록 ~할지라도
Nhưng 〈접〉 그러나
Tuy 〈부〉 ~일지라도, 비록 ~할지라도
Bận 〈형〉 바쁘다
Vẫn 〈부〉 여전히

패턴회화 2
Pattern 2

A **Cô thích loại nhạc nào?**
꼬 틱 로아이 냑 나오
당신 좋아하다 종류 음악 어느
어느 장르의 음악을 좋아하나요?

B **Tôi thích nhạc cổ điển.**
또이 틱 냑 꼬 디엔
나 좋아하다 음악 고전
저는 고전음악을 좋아해요.

여길 보시죠!

★ **Loại** (명) 종류, 장르

★ **Nào** (부) 어떤, 어느

A **Anh thích loại nhạc nào?**
아인 틱 로아이 냑 나오
어느 장르의 음악을 좋아하나요?

B **Tôi thích nhạc rock.**
또이 틱 냑 락
저는 록 음악을 좋아해요.

A **Các anh thích môn thể thao nào?**
깍 아인 틱 몬 테 타오 나오
오빠들 어떤 스포츠 종목을 좋아해요?

B **Tôi thích chơi bóng đá.**
또이 틱 쩌이 봉 다
나는 축구 하는 것을 좋아해요.

낱말과 표현
Cổ điển (명) 고전
Rock (명) 록
Trữ tình (형) 서정이 풍부한 (발라드)

05과 저는 고전음악을 좋아해요. **67**

패턴회화 1

Pattern 1

서	틱	꾸어	아인	라	지
A Sở thích của anh là gì?
   취미 ~의 당신 ~이다 무엇

당신의 취미는 뭐예요?

| 서 | 틱 | 꾸어 | 또이 | 라 | 응애 | 냑 |
B Sở thích của tôi là nghe nhạc.
   취미 ~의 나 ~이다 듣다 음악

제 취미는 음악듣기예요.

여길 보시죠!

★ **Sở thích của anh là gì?**
'당신의 취미는 뭐예요?' 취미를 물을 때 가장 일반적으로 쓰는 표현입니다.

★ **Sở thích** 명 취미

낱말과 표현

Nghe (동) 듣다
Nhạc (명) 음악
Internet (명) 인터넷
Chơi Internet (숙) 인터넷하다
Phim (명) 영화

A Sở thích của chị là gì?
   언니의 취미는 뭐예요?

B Sở thích của tôi là chơi Internet.
   제 취미는 인터넷하는 거예요.

A Sở thích của chị là gì?
   언니의 취미는 뭐예요?

B Sở thích của tôi là xem phim.
   제 취미는 영화보기예요.

PART 5

Tôi thích nhạc cổ điển.

저는 고전음악을 좋아해요.

"상관 접속사"

쉬어가기

베트남의 공휴일, 명절

공휴일

1월 1일 : 신년

12월 30일 ~1월 3일(음력) : 설날 연휴 '뗏' - 공식 연휴는 5일 이지만 일반적으로 일주일 동안 거의 모든 상점은 문을 닫고 쉰다. '뗏'은 명절이란 뜻이지만 보통 음력설날을 말하며 음력 2월 초까지 전국에서 많은 축제가 열려 가까운 친척들이 모여서 조상들을 기리는 베트남 최대의 명절이다.

3월 10일 : '훙왕'의 기일 - 베트남 건국시조인 훙왕의 공헌을 기리는 날

4월 30일 : 사이공 해방 기념일 - 베트남 전쟁이 종식되면서 나라가 통일된 것을 기념하는 날

5월 1일 : 국제노동자의 날

9월 2일 : 국경일 - 1945년 호찌민 주석이 '바딘' 광장에서 독립을 선언하고 베트남 민주 공화국 설립을 기념하는 날

기타 주요 명절

베트남의 명절은 주로 음력이다.

1월 15일(음) : 정월 대보름

4월 15일(음) : 석가탄신일

5월 5일(음) : 단오 - 정령에게 질병을 막아 달라는 뜻으로 제사를 지내는 날

7월 15일(음) : '중원' - '뗏' 다음으로 베트남의 2번째 큰 명절이며 각 가정과 사원에서 조상들에게 제사를 지낸다.

8월 15(음) : 중추절 - 우리나라의 추석과는 달리 어린이날과 비슷한 날이며 장난감가게마다 아이들에게 줄 선물을 사려는 사람들로 붐비고, 각종 동물(용, 물고기, 두꺼비)의 모양을 한 북 등의 타악기를 든 어린이 행렬로 거리마다 넘쳐난다.

12월 23일(음) : 베트남 전통 부엌 신에게 제사 지내는 날

문제 있어요!

Exercices

1 다음 문장 중에서 옳은 문장을 골라 ×표 하세요.

(1) Cô bao nhiêu tuổi?
몇 살이에요?   (   )

(2) Anh Kim ăn cơm rồi?
김 씨 식사했어요?   (   )

(3) Cái này là ai của?
이것은 누구의 것이에요?   (   )

(4) Tôi là chưa lập gia đình.
저는 아직 결혼 안 했어요.   (   )

2 알맞은 단어를 넣어 빈칸을 채우세요.

(1) 나는 아들이 2명 있어요.

Tôi có hai c☐n tr☐☐.

(2) 그는 일하러 갔어요? (아직 안 갔어요?)

Anh ấy đi làm ☐☐☐a?

(3) 그녀는 올해 30살이에요.

Cô ấy năm nay b☐ ☐☐☐i tuổi.

(4) 누가 베트남어를 해요?

☐i nói tiếng Việt?

회화

Conversation

A Chị có muốn xem ảnh gia đình của tôi không?
   찌 꼬 무온 쌤 아인 쟈 딘 꾸어 또이 콩

B Có! Tôi rất muốn xem ảnh gia đình của anh.
   꼬 또이 젓 무온 쌤 아인 쟈 딘 꾸어 아인

B Người đẹp này là ai?
   응어이 댑 나이 라 아이

A Người đẹp này là vợ của tôi.
   응어이 댑 나이 라 버 꾸어 또이

B Năm nay vợ anh bao nhiêu tuổi?
   남 나이 버 아인 바오 니에우 뚜오이

A Năm nay vợ tôi hai mươi lăm tuổi.
   남 나이 버 또이 하이 므어이 람 뚜오이

B Anh đã có con chưa?
   아인 다 꼬 꼰 쯔어

A Rồi. Tôi có một con gái rồi.
   조이 또이 꼬 못 꼰 가이 조이

A 우리 가족 사진 볼래?
B 네! 저는 오빠 가족 사진을 정말 보고 싶어요.
B 이 예쁜 분은 누구세요?
A 이 예쁜 사람은 내 아내야.
B 올해 당신 부인은 몇 살이에요?
A 올해 내 아내는 25살이야.
B 당신은 자녀가 있으세요?
A 있어. 딸이 한 명 있어.

패턴회화 4

　　　　아인　다　꼬　꼰　쯔어
B　Anh　đã　có　con　chưa?
　　　　당신　　　 있다 자녀
당신은 자녀가 있으세요? (아직 없어요?)

　　　　조이　또이　꼬　못　꼰 가이　조이
A　Rồi. Tôi có một con gái rồi.
　　　 이미　나　있다 하나　딸　이미
있어. 딸이 한 명 있어.

여길 보시죠!

낱말과 표현

Con (명) 자식, 자녀
Con gái (명) 딸
Lập (동) 세우다, 설립하다
Gia đình (명) 가정, 가족

★ **Đã ~ chưa?**
'~했어요?(아니면 아직이에요?)' 그 행위가 일어났는지 아직 일어나지 않았는지 여부를 물을 때 쓰이는 의문문입니다. 위와 같이 물었을 때 긍정 대답은 '조이 Rồi 이미, 벌써', 부정 대답은 '쯔어 Chưa 아직 ~아니다'로 대답해야 합니다.

★ **Có** (동) 있다, 가지고 있다.

★ **Rồi** (부) '이미, 벌써'의 뜻으로 đã ~ chưa?로 물었을 때 긍정의 대답입니다.

　　　　　아인 다 럽 자 딘 쯔어
A　Anh đã lập gia đình chưa?
　　당신은 결혼했어요?

　　　　　쯔어　또이 쯔어 럽 쟈 딘
B　Chưa. Tôi chưa lập gia đình.
　　아니요. 아직 결혼 안 했어요.

　　　　　아인 다 럽 쟈 딘 쯔어
A　Anh đã lập gia đình chưa?
　　당신은 결혼했어요?

　　　　　조이 또이 다 럽 자 딘 조이
B　Rồi. Tôi đã lập gia đình rồi.
　　네. 저는 이미 결혼했어요.

Pattern 2

> 역길 보시죠!

★ **숫자**

1	못 một	2	하이 hai
3	바 ba	4	본 bốn
5	남 năm	6	사우 sáu
7	바이 bảy	8	땀 tám
9	찐 chín	10	므어이 mười
11	므어이 못 mười một	12	므어이 하이 mười hai
13	므어이 바 mười ba	14	므어이 본 mười bốn
15	므어이 람 (또는 므어이 남) mười lăm (또는 mười nhăm)	16	므어이 사우 mười sáu
17	므어이 바이 mười bảy	18	므어이 땀 mười tám
19	므어이 찐 mười chín	20	하이 므어이 hai mươi
21	하이 므어이 못 (또는 하이 못) hai mươi mốt (또는 hai mốt)		
31	바 므어이 못 바 못 ba mươi mốt (ba mốt)		
55	남 므어이 람 남 남 năm mươi lăm (năm nhăm)		
100	못 짬 một trăm		
101	못 짬 린 못 못 짬 레 못 một trăm linh một (또는 một trăm lẻ một)		
1,000	못 응인 못 응안 một nghìn (또는 một ngàn)		
10,000	므어이 응인 므어이 응안 mười nghìn (또는 mười ngàn)		
100,000	못 짬 응인 못 짬 응안 một trăm nghìn (또는 một trăm ngàn)		
1,000,000	못 찌에우 một triệu		
1,000,000,000	못 띠 một tỷ		

- 15, 25, 35... 1의 자리에 5가 오면 năm이 아닌 lăm 또는 nhăm으로 바뀝니다.

- 20, 30, 40... 20부터 hai mươi, ba mươi처럼 mười가 아닌 mươi로 성조가 없어집니다.

- 21, 31, 41... 21부터 1의 자리에 1은 một이 아닌 mốt으로 성조가 바뀝니다.

패턴회화 3

B Năm nay vợ anh bao nhiêu tuổi?
　　남　이　부인　당신　얼마나　많은　나이
올해 당신 부인은 몇 살이에요?

A Năm nay vợ tôi hai mươi lăm tuổi.
　　해　이　아내(부인)　나　　25　　　살
올해 내 아내는 25살이야.

여길 보시죠!

낱말과 표현

Mấy (의) 몇몇의
Năm (명) 해, 년
Bao nhiêu (의) 얼마나 많이
Mấy (의) 몇몇의~ (10 미만의 수량을 물을 때 쓰입니다.)
Cháu (명) 손자, 조카, 어린아이에게 쓰는 호칭
Tuổi (명) 나이, 연령, ~살/세

★ **Nay** 〈지〉 지시하는 이··· (Năm nay 이번 해 → 올해)

★ **Bao nhiêu** 〈부〉 얼마나 많이 (10 이상의 수량을 물을 때 씁니다.)

★ **bao nhiêu tuổi?**
'몇 살이에요' 나이를 물어보는 가장 일반적인 표현입니다.

A　**Anh bao nhiêu tuổi?**
　　오빠 몇 살이에요?

B　**Tôi ba mươi sáu tuổi.**
　　나 36살이에요.

A　**Cháu mấy tuổi?**
　　너 몇 살이니? (10살 미만 어린아이에게 나이를 묻는 표현)

B　**Cháu 7 tuổi.**
　　저는 7살이에요.

패턴회화 2
Pattern 2

	응어이	댑	나이	라	아이
B	Người	đẹp	này	là	ai?
	사람	예쁜	이	~이다	누구

이 예쁜 분은 누구세요?

	응어이	댑	나이	라	버	꾸어	또이
A	Người	đẹp	này	là	vợ	của	tôi.
	사람	예쁜	이	~이다	아내(부인)	~의	나

이 예쁜 사람은 내 아내야.

여길 보시죠!

★ **Ai** 의
'누구'에 해당하는 인칭대명사입니다. 누구, 누구를 모두 ai를 씁니다.

★ **Vợ** 명
부인 (남편은 Chồng, 부부는 vợ chồng)

낱말과 표현
Của (전) ~의, ~에 속하는
Yêu (동) 사랑하다
Đây (지) 이 분, 여기, 이것

A 아이 이에우 아이
Ai yêu ai?
누가 누구를 사랑해?

B 아인 킴 이에우 꼬 마이
Anh Kim yêu cô Mai.
김 오빠가 마이 언니를 사랑해

A 더이 라 아이
Đây là ai?
이 사람은 누구예요?

B 더이 라 보 꾸어 또이
Đây là bố của tôi.
이 사람은 내 아버지셔.

04과 우리 가족 사진 볼래요?

Pattern 1

A 찌 꼬 무온 쌤 아인 쟈 딘 꾸어 또이 콩
   Chị có muốn xem ảnh gia đình của tôi không?
   당신   원하다 보다 사진, 가족   ~의 나
   우리 가족 사진 볼래?

B 꼬 또이 젓 무온 쌤 아인 쟈 딘 꾸어 아인
   Có! Tôi rất muốn xem ảnh gia đình của anh.
   네! 나 아주 원하다 보다 사진 가족   ~의 당신
   네! 저는 오빠 가족 사진을 정말 보고 싶어요.

여길 보시죠!

★ **Muốn** 조 '원하다, ~하고 싶다'라는 조동사로 동사 앞에 위치합니다.

★ **Của** '~의, ~의 것' 소유를 나타내며 생략이 가능합니다.

★ **Có** 동 '가지고 있다'라는 의미의 동사지만 có ~không? 의문문에 대답할 때 Có는 긍정의 대답입니다.

★ **Rất** 부
'아주, 매우'라는 뜻으로 항상 동사 역할을 하는 단어 앞에 위치합니다.

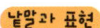

낱말과 표현

Uống (동) 마시다
Bia (명) 맥주
Xem (동) 보다
Phim (명) 필름, 영화

A 아인 꼬 무온 우옹 비어 콩
   Anh có muốn uống bia không?
   오빠 맥주 마시고 싶어요?(마실래요?)

B 으 아인 젓 무온 우옹 비어
   Ừ. Anh rất muốn uống bia.
   응, 오빠 정말 맥주 마시고 싶어.

B 앰 꼬 무온 쌤 핌 콩
   Em có muốn xem phim không?
   너 영화 보고 싶어?

A 콩 앰 콩 무온 쌤 핌
   Không. Em không muốn xem phim.
   아니요. 저는 영화 보고 싶지 않아요.

PART 4

Chị có muốn xem ảnh gia đình của tôi không?

우리 가족 사진 볼래요?

"숫자"

 **문제 있어요!**

Exercices

1 빈칸에 알맞은 형용사를 쓰세요.

(1) 영어는 어려워요.
    Tiếng Anh _____.

(2) 나는 새 집이 있어요.
    Tôi có nhà _____.

(3) 나는 뜨거운 커피를 좋아해요.
    Tôi thích cà phê _____.

(4) 내 친구는 정말 예뻐요.
    Bạn tôi _____ lắm.

(5) 베트남 사람들 정말 친절해요.
    Người Việt Nam _____ qúa.

(6) 한국어를 정말 잘해요.
    Nói tiếng Hàn rất _____.

새로운 낱말과 표현

Bạn (명) 친구

 회화　　　　　　　　　　　　　　　　　　　　　　　　Conversation

A　Tiếng Việt có khó không?
　　띠엥　비엣　꼬　코　콩

B　Không khó. Tiếng Việt hay.
　　콩　코　띠엥　비엣　하이

A　Món ăn Việt Nam thế nào?
　　몬　안　비엣　남　테　나오

B　Món ăn Việt Nam ngon.
　　몬　안　비엣　남　응온

A　Khách sạn Hà Nội lớn hay nhỏ?
　　카익　산　하　노이　런　하이　뇨

B　Khách sạn Hà Nội lớn.
　　카익　산　하　노이　런

A　Anh thích Việt Nam chứ?
　　아인　틱　비엣　남　쯔

B　Vâng, tôi yêu Việt Nam lắm.
　　벙　또이 이에우　비엣　남　람

A 베트남어 어려워요?
B 어렵지 않아요. 베트남어 재미있어요.
A 베트남 음식 어때요?
B 베트남 음식 맛있어요.
A 하노이 호텔 커요? 아니면 작아요?
B 하노이 호텔은 커요.
A 당신 베트남을 좋아하죠?
B 예, 저는 베트남을 너무 사랑해요.

패턴회화 4
Pattern 4

	아인	틱	비엣 남	쯔
A	Anh	thích	Việt Nam	chú?
	당신	좋아하다	베트남	~죠?

당신 베트남 좋아하죠?

	벙	또이	이에우	비엣 남	람
B	Vâng,	tôi	yêu	Việt Nam	lắm.
	네	저는	사랑하다	베트남	너무

예, 저는 베트남을 너무 사랑해요.

여길 보시죠!

★ **~chú** 부 '~하지?'라는 의미로 그럴 것이라고 어느 정도 확신을 가지고 질문하는 방법입니다.

★ **Vâng** 부 긍정의 대답으로서 북부지방에서 Yes의 의미입니다.(남부지방에는 Yes의 의미로 Dạ를 사용하고, No는 북·남부 모두 Không입니다.)

낱말과 표현

Chú (부) (확인의 의미로) 반드시 그렇다
Vâng (부) (긍정의 대답) 예
Yêu (동) 사랑하다
Ăn (동) 먹다
Phở (명) 쌀국수

아인 라 응어이 한 꾸옥 쯔
A **Anh là người Hàn (Quốc) chú?**
당신은 한국 사람이지요?

벙 또이 라 응어이 한 꾸옥
B **Vâng, tôi là người Hàn (Quốc).**
네, 저는 한국 사람이에요.

아인 안 퍼 쯔
A **Anh ăn phở chú?**
당신 쌀국수 먹죠?

벙 또이 틱 안 퍼
B **Vâng. Tôi thích ăn phở.**
네, 저는 쌀국수 먹는 것을 좋아해요.

03과 베트남어 어려워요? 51

패턴회화 3

Pattern 3

A　Khách sạn　Hà Nội　lớn　hay　nhỏ?
　　카익　산　하 노이　런　하이　뇨
　　호텔　　하노이　　큰　아니면　작은

하노이 호텔 커요? 아니면 작아요?

B　Khách sạn　Hà Nội　lớn.
　　카익　산　하 노이　런
　　호텔　　하노이　　큰

하노이 호텔은 커요.

여길 보시죠!

낱말과 표현

Hay (부) 또는, 아니면
Cái này (지) 이것
Tốt (형) 좋다
Xấu (형) 나쁘다

★ **Hà Nội** 명 하노이 (베트남 수도 / Hà 물(河) Nội 안(內))

★ **Hay** 접/부 또는, 아니면

★ **A hay B?** 'A 아니면 B?'라는 의미로 선택 의문문을 만듭니다.

A　Cái này tốt hay xấu?
　　까이 나이 똣 하이 써우
　　이것은 좋아요? 아니면 나빠요?

B　Cái này tốt lắm.
　　까이 나이 똣 람
　　이것은 아주 좋아요.

A　Anh học tiếng Anh hay tiếng Việt?
　　아인 혹 띠엥 아인 하이 띠엥 비엣
　　당신은 영어를 공부해요? 아니면 베트남어?(를 공부해요?)

B　Tôi học tiếng Việt.
　　또이 혹 띠엥 비엣
　　저는 베트남어를 공부해요.

50

패턴회화 2

Pattern 2

	몬 안	비엣 남	테 나오
A	Món ăn	Việt Nam	thế nào?
	음식	베트남	어때요

베트남 음식 어때요?

	몬 안	비엣 남	응온
B	Món ăn	Việt Nam	ngon.
	음식	베트남	맛있는

베트남 음식 맛있어요.

역길 보시죠!

낱말과 표현

Món ăn (명) 요리, 음식
Ngon (형) 맛있다
Tốt (형) 좋다

★ **Món** (명) (항목, 아이템) + ăn (먹다)

Món이라는 명사에 ăn이라는 동사가 붙어 '먹는 항목'이라고 풀이할 수 있는데 이것을 명사화하면 '먹는 항목' 곧 '음식'이라는 뜻이 됩니다.

★ **Thế nào ?**

부드럽게 상대의 의견을 물을 때 문장 끝에 thế nào? 혹은 như thế nào?라고 묻습니다.

응어이 비엣 남 테 나오
A Người Việt Nam thế nào?
   베트남 사람 어때요?

응어이 비엣 남 젓 똣
B Người Việt Nam rất tốt.
   베트남 사람 아주 좋아요.

★ **Rất / lắm / quá**

'아주, 매우'라는 의미로 베트남 사람들이 많이 사용합니다.
다음과 같은 위치에 주의하세요.

- Rất + 형용사

    형용사 + lắm

- Quá + 형용사 → (※ '너무 ~하다'라는 뜻으로 조금 부담 섞인 어투가 됩니다.)

    형용사 + quá

패턴회화 1

Pattern 1

A **Tiếng Việt có khó không?**
   띠엥   비엣 꼬 코   콩
   말   베트남   어려운

베트남어 어려워요?

B **Không khó. Tiếng Việt hay.**
   콩   코   띠엥   비엣 하이
   아니다 어려운 말   베트남 재미있는

어렵지 않아요. 베트남어 재미있어요.

낱말과 표현

Khó (형) 어렵다
Dễ (형) 쉽다

엿길 보시죠!

★ **Tiếng Việt có khó không?**

베트남어를 공부하는 우리나라 사람들에게 베트남 사람들이 흔히 물어보는 가벼운 질문입니다. 'Có + 형용사/동사 + không?' → '형용사/동사 해요? 합니까?'로 간단한 의문문을 만들 수 있습니다.

★ **Hay** (형)

'재미있는'이라는 뜻으로 형용사가 동사 역할을 하기 때문에 '재미있다'라고 해석이 가능합니다. 부정으로 말할 때에는 '~아니다'의 뜻을 가진 부정의 'Không + 형용사' 형태로 표현합니다.

- **Tiếng Việt không dễ.** 베트남어 쉽지 않아요.
- **Tiếng Việt không hay.** 베트남어 재미없어요.

PART 3

Tiếng Việt có khó không?

베트남어 어려워요?

"형용사"

Exercices

1 다음 물음에 답하세요.

(1) Anh/Chị làm nghề gì? (당신의 직업은 무엇입니까?)
_____

(2) Anh/Chị sống ở đâu? (당신은 어디에 삽니까?)
_____

(3) Anh/Chị học tiếng Việt không? (당신은 베트남어를 공부합니까?)
_____

2 알맞은 단어를 넣어 빈칸을 채우세요.

(1) 나는 병원에서 일해요.

→ Tôi làm việc ở _____.

(2) 그녀는 서울에 살아요?

→ _____ có sống ở Seoul _____ ?

(3) 그는 선생님이 아니에요.

→ Anh ấy _____ giáo viên.

회화 Conversation

A Anh làm nghề gì?
   아인 람 응애 지

B Tôi là bác sĩ.
   또이 라 박 시

A Anh làm việc ở đâu?
   아인 람 비엑 어 더우

B Tôi làm việc ở bệnh viện Hà Nội.
   또이 람 비엑 어 베인 비엔 하 노이

A Tôi sống ở Thành phố Hồ Chí Minh. Còn anh?
   또이 송 어 타인 포 호 찌 민 꼰 아인

B Tôi sống ở đây.
   또이 송 어 더이

A Tôi học tiếng Việt.
   또이 혹 띠엥 비엣

B Thế à? Tôi học tiếng Hàn.
   테 아 또이 혹 띠엥 한

A 직업이 뭐예요?
B 저(나)는 의사예요.
A 당신은 어디에서 일해요?
B 저(나)는 하노이 병원에서 일해요.
A 저(나)는 호찌민 시에 살아요. 당신은요?
B 저(나)는 여기에 살아요.
A 저(나)는 베트남어를 공부해요.
B 그래요? 저는 한국어를 공부해요.

패턴회화 4

Pattern 4

A **Tôi học tiếng Việt.**
또이 혹 띠엥 비엣
저(나)는 공부하다 말 베트남
저는 베트남어를 공부해요.

B **Thế à? Tôi học tiếng Hàn.**
테 아 또이 혹 띠엥 한
그래요? 나 공부하다 말 한국
그래요? 저는 한국어를 공부해요.

여길 보시죠!

낱말과 표현

Tiếng (명) 시간, 소리, 말(언어)

★ **Việt** (명) Việt Nam '베트남'을 줄여서 Việt이라고도 해요.

- Tôi học tiếng Trung. 저는 중국어를 공부해요.
  또이 혹 띠엥 쭝
- Tôi học tiếng Anh. 저는 영어를 공부해요.
  또이 혹 띠엥 아인

★ **언어**

'Tiếng(말, 소리) + 나라이름'으로 말하지만 앞의 한 음절만 말하는 경향이 있습니다.

- Tiếng Việt (Nam) 베트남어
  띠엥 비엣 남
- Tiếng Hàn (Quốc) 한국어
  띠엥 한 꾸옥
- Tiếng Trung (Quốc) 중국어
  띠엥 쭝 꾸옥
- Tiếng Nhật (Bản) 일본어
  띠엥 녓 반
- Tiếng Anh 영어
  띠엥 아인
- Tiếng Pháp 프랑스어
  띠엥 팝
- Tiếng Nga 러시아어
  띠엥 응아

※ 약간의 놀람이 섞인 '그래요?'는 북부지방 하노이에서, thế à?를 남부지방 호찌민 시에서는 vậy hả?를 씁니다.

02과 직업이 뭐예요?

패턴회화 3

여길 보시죠!

★ **Còn anh?**

'그러면 당신은요?, 반면에 당신은요?'라는 뜻으로 해석할 수 있으며 Còn anh (sống ở đâu)? '그러면 당신은 (어디에서 살아요)?'에서 생략된 형태입니다.

★ **지시형용사와 지시대명사**

지시형용사		지시대명사	
이	나이 này	여기, 이 사람, 이것	더이 Đây
저	끼어 kia	저기, 저 사람, 저것	끼어 kia
그	도 đó	거기, 그 사람, 그것	도 더이 Đó, Đấy

· 더이 라 응어이 미
Đây là người Mỹ. 이 분은 미국 사람이에요.

· 끼어 꿍 라 까 페
Kia cũng là cà phê. 저것 역시 커피예요.

낱말과 표현

Còn (접) 반면, 그런데, 그러면

Đây (부) 여기

패턴회화 3

Pattern 3

A **Tôi sống ở Thành phố Hồ Chí Minh. Còn anh?**
또이 송 어 타인 포 호 찌 민 꼰 아인
저(나)는 살다 ~에서 시 호찌민 그러면 당신은
저는 호찌민 시에 살아요. 당신은요?

B **Tôi sống ở đây.**
또이 송 어 더이
저(나)는 살다 ~에서 여기
저는 여기에 살아요.

여길 보시죠!

낱말과 표현

Sống (동) 살다
Thành phố (명) 도시
Thành phố Hồ Chí Minh
(명) 호찌민 시 (TP.HCM으로 줄여 쓰기도 함)

★ **Tôi sống ở Thành phố Hồ Chí Minh** (명) 호찌민 시 (구: 사이공)
사는 곳을 말할 때, Tôi sống ở + 장소 '나는 ~에서 살아요'로 말합니다. 또는 Sống 살다 동사를 빼고 'Tôi ở + 장소'라고 말해도 사는 곳을 말하게 됩니다. 그때는 '나는 ~에 있어요'라는 뜻으로 같은 의미입니다.

A **Chị sống ở đâu?**
찌 송 어 더우
당신은 어디에 살아요?

B **Tôi sống ở Busan.**
또이 송 어 부산
저는 부산에 살아요.

또는

A **Cô ở đâu?**
꼬 어 더우
당신은 어디에 있어요(살아요)?

B **Tôi ở Hà Nội.**
또이 어 하 노이
저는 하노이에 있어요(살아요).

패턴회화 2

엮길 보시죠!

★ **인칭대명사**

	단수	뜻	복수	뜻
1인칭	tôi (또이)	나, 저	Chúng tôi (쭝 또이) 듣는 사람을 포함하지 않음 Chúng ta (쭝 따) 듣는 사람을 포함	우리
2인칭	ông (옹) bà (바) anh (아인) chị (찌) cô (꼬) em (앰)	너, 당신	Các ông (깍 옹) Các bà (깍 바) Các anh (깍 아인) Các chị (깍 찌) Các cô (깍 꼬) Các em (깍 앰)	너희들, 당신들
3인칭	ông ấy (옹 어이) bà ấy (바 어이) anh ấy (아인 어이) chị ấy (찌 어이) cô ấy (꼬 어이) em ấy (앰 어이) nó (노)	그, 그녀	Các ông ấy (깍 옹 어이) Các bà ấy (깍 바 어이) Các anh ấy (깍 아인 어이) Các chị ấy/ (깍 찌 어이) Các cô ấy (깍 꼬 어이) Các em ấy (깍 앰 어이) Họ (호)	그들, 그녀들

낱말과 표현

Về (동) 돌아가다, 돌아오다
Nhà (명) 집

2인칭 복수는 2인칭 앞에 các을,
3인칭 단수는 2인칭 뒤에 ấy를
3인칭 복수는 2인칭 앞에 các, 뒤에 ấy를 붙여요.

2인칭	2인칭 복수	3 인칭 단수	3인칭 복수
anh	các anh	anh ấy	các anh ấy
chị	các chị	chị ấy	các chị ấy

1인칭 복수 '우리'는 Chúng tôi(듣는 사람 포함하지 않음)와 Chúng ta(듣는 사람 포함)를 구별해서 사용해야 합니다.

A　Chúng tôi về nhà. (쭝 또이 베 냐)
　　우리 집으로 돌아가요. → (우리는 집으로 돌아갈게요) (약한 통보)

B　Chúng ta về nhà. (쭝 따 베 냐)
　　우리 집으로 돌아가요. → (우리 집으로 돌아가죠?) (약한 권유)

패턴회화 2   Pattern 2

> 아인   람   비엑   어   더우
> **A** Anh làm việc ở đâu?
> 당신 하다 일 ~에서 어디
> 당신은 어디에서 일해요?
>
> 또이   람   비엑   어   베인   비엔   하   노이
> **B** Tôi làm việc ở bệnh viện Hà Nội.
> 저는 하다 일 ~에서 병원 하노이
> 저는 하노이 병원에서 일해요.

여길 보시죠!

낱말과 표현
- Làm (동) ~하다. 일하다. 만들다
- Hà Nội (명) 하노이(베트남 수도)
- Trường (명) 학교
- Đại học (명) 대학
- Quán (명) 관(館)
- Cà phê (명) 커피

★ **Anh làm việc ở đâu?**
'당신은 어디에서 일해요?'라는 뜻으로 일하는 장소를 물음으로써 직업을 묻는 표현입니다.

★ **Ở** (동) '~에 있다',
   (전) '~에서'라는 뜻으로 장소 앞에 주로 전치사로 쓰입니다.

★ **Đâu** (의) '어디'라는 뜻의 의문사입니다.

  찌   람   비엑   어   더우
A Chị làm việc ở đâu?
  당신은 어디에서 일해요?

  또이   람   비엑   어   쯔엉   다이   혹   서울
B Tôi làm việc ở trường đại học Seoul.
  저는 서울대학교에서 일해요.

  쭝   따   갑   어   더우
A Chúng ta gặp ở đâu?
  우리 어디에서 만나요?

  쭝   따   갑   어   꾸안   까   페
B Chúng ta gặp ở quán cà phê.
  우리 커피숍에서 만나요.

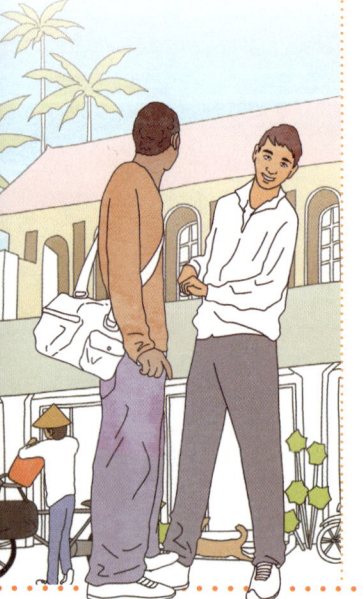

패턴회화 1   Pattern 1

A   **Anh làm nghề gì?**
아인 람 응에 지
당신 하다 직업 무엇
직업이 뭐예요?

B   **Tôi là bác sĩ.**
또이 라 박 시
저(나) ~이다 의사
저는 의사예요.

여길 보시죠!

★ **Anh làm nghề gì?**
직업을 묻는 표현으로 가장 일반적인 표현입니다.

★ **Làm** (동) 만들다, ~하다, 일하다

★ **Gì** (의) 지시대명사로서 이름이나 속내를 모를 때 쓰이는 '무엇'에 해당합니다.

★ **Anh làm nghề gì?**
당신은 무엇을 직업으로 해요? → 당신의 직업은 뭐예요? 또는 Anh làm gì?
'당신은 무엇을 해요?' Nghề '직업'이라는 단어를 빼도 같은 뜻입니다.
이 때는 Làm 동사가 '일하다'라는 의미로 쓰였습니다.

A   **Anh làm gì?**
아인 람 지
당신은 뭐 해요?(지금 뭐하는지 궁금한 것이 아니라 직업을 묻는 말)

B   **Tôi là y tá.** 저는 간호사예요.
또이 라 이 따

또한, 부가의문문을 사용하여,

A   **Anh là giáo sư, phải không?** 당신은 교수예요, 그렇죠?
아인 라 쟈오 스 파이 콩

B   **Dạ, phải. Tôi là giáo sư.** 네, 맞아요. 저는 교수예요.
자 파이 또이 라 쟈오 스

낱말과 표현

Nghề (명) 직업, 생업 (형) 정통한
Y tá (명) 간호사
Giáo sư (명) 교수
Phải không 그렇죠?

PART 2

Anh làm nghề gì?

직업이 뭐예요?

"의문사"

국적

응어이 아인 **người Anh**	영국 사람
응어이 비엣 남 **người Việt (Nam)**	베트남 사람
응어이 팝 **người Pháp**	프랑스 사람
응어이 미 **người Mỹ**	미국 사람
응어이 득 **người Đức**	독일 사람
응어이 쯤 꾸옥 **người Trung (Quốc)**	중국 사람
응어이 녓 반 **người Nhật (Bản)**	일본 사람
응어이 타이 란 **người Thái Lan**	태국 사람
응어이 까-나-다 **người Ca-na-đa**	캐나다 사람
응어이 욱 **người Úc**	호주 사람
응어이 응아 **người Nga**	러시아 사람

호칭

* 베트남어 호칭 *

베트남어	의미	베트남어	의미
또이 tôi	나, 저 (상대방과의 관계 배제)		
떠 tớ	나 (친구사이)	꺼우 cậu	외삼촌, 너(친구사이)
민,밍 mình	나 (친구사이)	반 bạn	친구, 너(친구사이)
옹 ông	할아버지/손위 남자 및 사회적 지위가 높은 남성에게 사용		
바 bà	할머니 혹은 그 나이 대에 맞는 나이가 지긋한 여성에게 사용		
박 bác	큰아버지/아저씨나 아줌마 뻘에 해당하는 사람에게 사용		
꼬 cô	성인여자/고모/여선생님		
쭈 chú	작은아버지	보 bố	아버지
짜 cha	아버지	메 mẹ	어머니
아인 anh	형/오빠/손위 남성에게 쓰임 (자신보다 나이가 어려도 상대 남성을 높여줄 때 사용)		
찌 chị	언니/누나/손위 여성에게 쓰임 (자신보다 나이가 어려도 상대 여성을 높여줄 때 사용)		
앰 em	동생/손아랫사람 (성별 구분 없이 사용)		
꼰 con	자녀		
짜우 cháu	조카/손자/어린아이		
터이 thầy	남자선생님		

낱말과 표현

Xin (동)청하다, 신청하다
Chào (동) 인사하다

※ 베트남에서는 초면임에도 불구하고 나이를 물음으로써 호칭을 정하고 명확히 사용함으로써 그 대화만 들어도 상대와의 관계를 알 수 있습니다.

- * Chào anh! 안녕, 형(또는 오빠)!
  Chào em! 안녕, 동생(성별 알 수 없음)

- * Xin chào cô! 안녕하세요, 고모
  Chào cháu! 안녕, 조카!

- * Xin chào cô! 안녕하세요, 선생님(여)!
  Cô chào em! 안녕, 얘야(학생)!

- * Xin chào thầy! 안녕하세요, 선생님(남자)!
  Chào em! 안녕, 얘야(제자)!

문제 있어요!

Exercices

1 다음 네모 안을 채우세요.

(1) 안녕하세요?

       씬   짜오

X☐☐ ☐☐à☐.

(2) 만나서 정말 반가워.

  젓   부이   드억   갑   앰

R☐t vu☐ đ☐☐c g☐p e☐.

(3) 저도 역시 한국사람이예요.

 또이   꿍   라   응어이   한   꾸옥

T☐i c☐ng l☐ ng☐ời ☐àn Qu☐c.

2 다음 물음에 답하세요.

(1) Anh / Cô tên là gì? 당신 이름은 뭐예요?

_____

(2) Anh / Chị là người nước nào? 당신은 어느 나라 사람이에요?

_____

 회화　　　　　　　　　　　　　　　　　　　　　　　　　　　Conversation

A　Xin chào cô.
　　씬　짜오　꼬

B　Chào em.
　　짜오　앰

A　Tên của em là gì?
　　뗀　꾸어　앰　라　지

B　Tên của tôi là BORA.
　　뗀　꾸어　또이　라　보라

A　Rất vui được gặp cô.
　　젓　부이　드억　갑　꼬

B　Cô cũng rất vui được gặp em.
　　꼬　꿍　젓　부이　드억　갑　앰

B　Em là người nước nào?
　　앰　라　응어이　느억　나오

A　Tôi là người Hàn Quốc.
　　또이　라　응어이　한　꾸옥

A 안녕하세요. 선생님(여).
B 안녕. 얘야.
A 이름이 뭐예요?
B 제 이름은 보라예요.
A 만나서 정말 반가워요. 선생님(여).
B 선생님도 만나서 정말 반가워.
A 너는 어느 나라 사람이니?
B 저는 한국 사람이에요.

 **패턴회화 4**

Pattern 4

앰	라	응어이	느억	나오
B **Em là người nước nào?**
너 ~이다 사람 나라 어느

너는 어느 나라 사람이니?

또이	라	응어이	한	꾸옥
A **Tôi là người Hàn Quốc.**
저(나)는 ~이다 사람 한국

저는 한국 사람이에요.

여길 보시죠!

낱말과 표현

Nước (명) 나라, 물
Nào (부) 어느, 어떤
Phải (형) 옳다, 맞다, 오른(쪽)
Không (동) 1. 동사 앞에서 부정의 의미를 지님 2. 문장 끝에서 의문을 나타냄
Việt Nam (명) 베트남

★ **Em là người nước nào?**
'어느 나라 사람이니?'라는 국적을 묻는 표현으로 가장 일반적으로 묻는 질문입니다.

★ **Là** (동) '~이다'라는 뜻으로 뒤에 명사가 와야 합니다.

국적을 묻는 또 다른 표현에는, '평서문 + 부가의문문' 형태가 있습니다.

  찌 라 응어이 비엣 남 파이 콩
A **Chị là người Việt Nam, phải không?**
당신은 베트남 사람이죠?

  콩 파이 또이 콩 파이 라 응어이 비엣 남
B **Không phải. Tôi không phải là người Việt Nam.**
아니에요. 저는 베트남 사람이 아니에요.

★ **~không phải là** (동) '~가/이 아니다'라는 뜻입니다.

※ 국적을 살펴봅시다. (35쪽 참조)

Pattern 3

	젓	부이	드억	갑	꼬
A	Rất	vui	được	gặp	cô.
	매우	기쁜	~하게 되다	만나다	선생님

만나서 정말 반가워요. 선생님.

	꼬	꿍	젓	부이	드억	갑	앰
B	Cô	cũng	rất	vui	được	gặp	em.
	선생님	역시	매우	기쁜	~하게 되다	만나다	아랫사람(너)

선생님도 만나서 정말 반가워.

역길 보시죠!

낱말과 표현

Được (동) 얻다, ~하게 되다 (피동사)
Cũng (부) 역시, 또한
Vui (형) 즐겁다, 기쁘다

★ **Rất vui được gặp cô**
'만나서 반가워요'라는 관용표현으로서 처음 만나서 할 수 있는 인사입니다.

★ **Rất** 부
'아주, 매우'라는 뜻으로 형용사나 동사 앞에 위치합니다.

★ **Được** 동
'~하게 되다'라는 수동태로 동사 앞에 위치합니다.

★ **Gặp** 동 만나다

	젓 부이 드억 갑 꼬
A	Rất vui được gặp cô.
	만나서 정말 반가워요.
	또이 꿍 젓 부이 드억 갑 아인
B	Tôi cũng rất vui được gặp anh.
	저도 역시 만나서 정말 반가워요.

	러우 꾸아 콩 갑 터이
A	Lâu quá không gặp thầy.
	오랜만이에요 선생님(남).
	러우 람 조이 머이 갑 꼬
B	Lâu lắm rồi mới gặp cô.
	오랜만이에요 선생님(여).

패턴회화 2

Pattern 2

A Tên của em là gì?
뗀 꾸어 앰 라 지
이름 ~이다 너
이름이 뭐야?

B Tên của tôi là BORA.
뗀 꾸어 또이 라 보라
이름 ~의 저(나)는 ~이다 보라
제 이름은 보라에요.

여길 보시죠!

★ **Tên của em là gì?**
'이름이 뭐야?'라고 묻는 질문입니다.

★ **Là** 체언에 붙어서 사물을 지정하는 뜻을 나타내는 서술격 조사로서 우리말 '~이다'에 해당합니다.
주어 + là + 보어

A Tôi tên là Hye - jin. Còn chị?
또이 뗀 라 혜 진 꼰 찌
저는 이름이 혜진이에요. 그러면 당신은요(여자)?

B Tôi là Na-Young.
또이 라 나 영
저는 나영이에요.

A Anh tên là gì ?
아인 뗀 라 지
당신은 이름이 뭐예요?

B Tôi là Kim, Kyung-ho.
또이 라 김 경호
저는 김경호입니다.

낱말과 표현

Của (전) (소유격)~의, ~의 것, ~의 것이다
Tôi (대) 나
Còn (접) 그러면, 반면
Chị (인) 당신

패턴회화 1

Pattern 1

씬 짜오 꼬
A Xin chào cô.
청하다 인사하다 선생님(여)
안녕하세요? 선생님.

짜오 앰
B Chào em.
인사하다 아랫사람(너)
안녕. 얘야.

여길 보시죠!

★ **Xin chào cô**

'안녕하세요', '안녕히 계세요'라는 말은 처음 만났을 때, 그리고 격식을 차리는 자리에서 흔히 쓰이는 인사말입니다. (아침, 점심, 저녁, 만날 때, 헤어질 때 등 모든 인사에 쓰인다.) 위 대화에서는 처음 만났을 때 인사이므로 '안녕하세요'라는 의미로 해석할 수 있습니다. Xin chào 뒤에 이름이나 호칭을 붙여주면 더 친근한 느낌이 듭니다. (매우 친한 사이는 'Chào + 호칭'만 써도 된다.)

★ **Xin** 명

'신청하다, 청하다'라는 뜻으로 문장 맨 앞에 쓰이면 예의 있는 표현이 됩니다.

★ **Chào** 동

'인사하다'라는 동사이지만 관용적으로 상대방을 만났을 때 '안녕'이라는 뜻으로 쓰입니다.

★ **Cô** 명

선생님, 아가씨, 고모, 성인여자를 칭하는 2인칭 호칭

★ **Em** 명

동생, 학생(선생님이 부를 때), 나보다 손아랫사람에게 칭하는 2인칭 호칭. 우리말에도 2인칭 호칭이 다양하듯, 베트남에서도 호칭을 중요하게 생각합니다.

※ 베트남 호칭을 살펴봅시다. (34쪽 참조)

PART 1

Rất vui được gặp cô.

만나서 반갑습니다.

"소개, 인사"

베트남 여행 시 안전수칙

치안 상태

베트남은 사회주의공화국의 특성상 비교적 치안상황이 양호한 편이나, 외국 관광객들은 표적이 될 수가 있다.

가방은 앞으로 메거나 크로스로 메어서 가방을 앞으로 돌리고 여권, 현금, 항공권 등은 튼튼한 가방 안에 두어 항상 몸에 지니거나 안전한 호텔 프런트에 맡기는 게 좋다.

관광명소나 시내, 쇼핑가 등 복잡한 곳은 소매치기와 도둑을 늘 경계하는 것이 좋다. 관광객의 티를 내거나 보석, 유명 상품 브랜드를 착용해서 표적이 되지 않도록 하는 것이 좋다. 한번 도둑 맞은 물건이나 잃어버린 것은 다시 찾기 힘들고 더 큰 화를 불러일으키는 일도 많으므로 늘 조심해야 한다.

수상인형극

소수민족 박물관

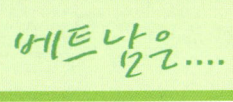

베트남은....

느억맘과 라이스 페이퍼

베트남 요리의 맛을 내는 기본은 '느억 맘(nước mắm)'이라는 생선으로 만든 소스이다. 우리 나라 젓갈 냄새처럼 그 강렬한 냄새가 좀 거북하다는 사람도 있지만 익숙해지면 이것이야말로 베트남 요리의 독특한 맛임을 느끼게 된다.

물에 식초를 약간 타고 설탕과 고춧가루를 넣어서 만든 양념소스는 어떤 요리에나 잘 어울린다. 또 하나 빼 놓을 수 없는 것이 '라이스 페이퍼'이다. '라이스 페이퍼'는 쌀가루 녹인 것을 얇게 펴서 찐 다음, 그것을 햇빛에 말린 것이다. 이 라이스 페이퍼에 싸서 먹으면 어떤 것이든지 그것만으로도 훌륭한 베트남 요리가 된다.

스프링롤 (Nem rán 또는 Chả giò)
_{넴 잔 짜 요}

저민고기, 목이버섯, 당면 등을 라이스 페이퍼에 싸서 기름에 튀긴 요리이다. 바삭바삭한 라이스 페이퍼 향이 고소하고, 샐러드 야채로 싸서 느억맘에 찍어 먹으면 일품요리가 된다.

스프링롤

춘권 (Gỏi cuốn)
_{고이 꾸온}

삶은 새우, 닭고기, 부추, 향미료 등을 라이스 페이퍼에 말아서 기름에 튀기지 않고 그냥 먹는 다. 양념소스는 느억 맘이 아니라 된장과 비슷한 독특한 소스에 찍어 먹는다.

국 (Canh chua)
_{까인 쭈어}

신맛이 나는 독특한 맛의 스프로 보통은 민물고기나 가물치가 사용된다. 토마토, 토란줄기, 오크라, 콩, 파인애플 등 야채도 많이 들어간 수프를 밥과 함께 먹는 것이 정통 식사 방법이다. 더위로 식욕이 없을 때에 이것을 먹으면 거뜬해진다. 특히 남부쪽에서 자랑하는 요리이다.

베트남의 요리의 특징

베트남 요리는 오랫동안 중국 지배를 받아온 베트남의 역사적 배경으로 인해 중국 요리와 비슷한 것이 많지만 중국 요리처럼 기름기가 많지 않다. 또 지리적으로 가까운 태국 요리와는 향미료를 사용한다는 점이 비슷하지만 맵지 않다.

베트남 요리는 담백한 맛이 나는 요리가 많아서 기호에 따라 맛을 낼 수 있다. 게다가 샐러드 오이, 향미료 등의 야채와 함께 먹기 때문에 건강을 생각하는 사람에게도 적합한 요리이다. 같은 요리라고 해도 각 지방마다 독특한 향토 요리가 있는데 그 종류의 다양함도 베트남 요리의 특징이다. 맛내기도 지방마다 달라, 북부는 담백하게, 남부는 약간 달게, 중부는 맵게 맛을 낸다.

바인 쌔오

베트남 주요 음식

쌀국수(phở)

우리나라와 마찬가지로 쌀이 주식인 베트남 사람들은 밥도 지어먹고 국수도 만들고 만두피도 만들어 먹는다. 면발의 모양은 우리 나라 칼국수 면발처럼 납작하고 넓다. 이때 '어떤 뼈를 써서 우려냈는가'와 '어떤 고기를 얹는가'에 따라 종류가 나뉘어진다. 예를 들어서 쇠고기를 얹으면 퍼 보(phở bò), 닭고기를 얹으면 퍼 가(Phở gà)라고 한다. 베트남에서는 커다란 음식점에서 뿐만 아니라 길거리의 가판대에서도 퍼(phở)를 파는데, 아침 출근시간 전에 퍼(Phở)를 파는 포장마차 앞에 사람들이 길게 줄을 늘어선 광경을 볼 수 있다.

쌀국수

베트남은....

- **까오다이 교**: 1926년 사이공 북서쪽 '떠이닌' 지방에서 '응오민찌에오(名)'에 의해 창시되었다. '까오다이 교'는 기존에 있던 유교, 불교, 천주교 사상을 종합하여 만든 일종의 혼합 종교이다.

호치민 노틀담 성당

화폐

베트남의 화폐단위는 'Đồng(동)'이다. 미화 1불($)은 대략 24,400동(2024년 기준)이다. 베트남에서 발행되는 은행권의 액면은 500,000동, 200,000동, 100,000동, 50,000동, 20,000동, 10,000동, 5,000동, 2,000동, 1,000동, 500동 200동이다. 5,000동, 2,000동, 1,000동, 500동, 200동권은 동전으로도 발행된다. 지폐의 모델이 모두 베트남 건국영웅 '호찌민'이며, 지폐끼리 도안 및 색상이 유사하므로 혼동하지 않도록 주의해야 한다.

언어

공용어는 베트남어이며, 4종류의 소수민족 언어를 법률상 허용하고 있다. 베트남어는 중국어의 4성조 보다 많은 6성조로 발음의 장단, 높낮이에 따라 의미가 다르며 중국문화의 영향으로 한자가 상당한 비중을 차지하고 있어(60%) 한자의 베트남식 발음을 터득하면 배우기 쉽다. 중국문화의 영향 때문에 한자를 사용했으나 8, 9세기 경에는 한자의 뜻과 음을 차용해 만든 '쯔놈'을 만들어 사용했다. 그 후 17세기초부터

역사박물관

18세기 베트남에 온 프랑스 선교사가 '쯔놈'으로 된 베트남어를 라틴문자로 옮겨 적기 시작한 것이 지금의 베트남어의 시초가 되었다.

1678년 4월 6일 프랑스 식민정부는 현재의 베트남어를 국어로 공인, 1882년 1월 1일부터 각급 학교에 서면에는 법령을 알리고 1915년과 1919년에 '하노이'와 '후에'에서 과거시험을 폐지하면서 한문과 '쯔놈'은 쇠퇴하고 현재의 베트남어(문자)가 국어로 자리잡기 시작했다.

민족구성

베트남의 인구는 'kinh(낑)'족이 대부분(89%)을 차지하고 있으며, 54개 소수민족이 각 지역에 흩어져 살고 있고, 약 100만의 화교가 살고 있다.

소수민족

전통 의상

베트남 전통의상 '아오자이'는 18세기부터 입기 시작했고, 긴 옷이란 뜻을 가지고 있다. 원래는 주로 상류층에서 입었는데 지금은 베트남 여성 누구나 선호하는 옷이다. 갈수록 고급화 되어 가슴과 소매에 꽃 자수가 들어가고, 나이에 따라 선호하는 색상이 다르다. 학생들이나 아가씨들은 하얀색을 선호하고 나이가 든 여성들은 진한 색상을 선호한다. '아오자이'는 만들기도 까다로워 치수를 재는 데도 20여 곳 이상을 재어야 만들 수 있다.

아오자이

종교

베트남의 종교생활은 헌법상 자유를 보장하고 있다. 종교별로는 불교신자가 가장 많으며, 카톨릭이 그 뒤를 이으며, 이 밖에 베트남 고유의 불교영향을 받은 '까오다이 교'와 '호아하오 교'가 남부지역에서 신봉되고 있다.

베트남의 불교

- 불교: 베트남 전 국민의 60~70%정도 불교를 믿는다. 베트남 부처님 오신 날은 발 디딜 틈도 없이 인산인해를 이룬다.
- 천주교: 프랑스 영향으로 17세기부터 많은 성당들이 세워졌다. 전 국민의 15%정도가 천주교이며 도시마다 규모가 상당히 큰 성당이 많이 있다.
- 기독교: 신자가 1% 미만이며, 개인적인 가정 예배를 금지하고 반드시 당국이 허락하는 교회에 가서 모임을 가져야만 한다.

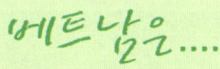

기후 및 지리

기후

북부는 아열대성 기후이고, 남부는 열대성 기후이며, 평균 기온은 24.1도(북부 23.2도, 중부 24.1도, 남부 27.1도)이다. 습도는 월 평균 83%, 평균 강우량은 2,151mm로 우리나라보다 2.4배 높다. 남부와 북부의 기온 차가 심하고, 평야지대와 고원지대의 기후도 매우 다르다. 베트남의 수도 북부의 중심 '하노이'는 사계절이 비교적 뚜렷한데 평균기온이 겨울에는 10∼16도, 여름에는 37∼38도, 평균 강우량은 1,678mm이다. 남부의 중심 '호찌민' 시와 '메콩델타' 지역의 연평균 기온은 26.9도로, 우기와 건기로 나뉘는데 우기는 5월∼11월, 건기는 12월∼4월이며 우기의 강우량은 1,800mm에 달한다. '하노이'를 비롯한 북부 및 중부 지역은 태풍의 영향권에 위치하고 있어 매년 피해가 발생되고, 연중 기온 차가 심하며, 남부 '메콩델타' 지역도 태풍이나 침수 피해를 당하는데, 고도가 매우 낮아 강 수위가 조금만 올라가도 피해가 크다.

지리

인도차이나 반도에 위치한 베트남은 남북으로 길게 이어져 수도 '하노이'에서 남부 '호찌민' 시까지 거리는 1,750km이다. 해안선은 S자 모양으로 약 3,200Km에 이르고, 국토의 70%가 산지 또는 늪지이다. 면적은 한반도의 1.5배, 인구는 9천6백만 정도이며 수도 '하노이'에는 약 760만, '호찌민'에는 약 1300만이 살고 있어 두 도시의 인구집중화가 두드러지고 있다.

베트남은 크게 세 지역으로 구분하는데 '하노이'를 중심으로 한 북부지역과 '다낭'을 중심으로 한 중부지역, '호찌민'을 중심으로 한 남부지역이다. 북부지역은 '하노이'와 '하이퐁'이 중심 도시이며 '홍강델타' 주위로 농업이 발달했다. 중부지역은 '후에'를 시작으로 '다낭', '꿔년', '냐짱'이 중심도시이다. 모두들 해변을 중심으로 이루어진 도시들이다. 남부는 '호찌민' 시를 중심으로 거대한 '메콩델타'가 삶의 기반이다.

thuế T→h→u→e→^→´

Khoảng K→h→o→a→?→n→g

Ngã N→g→a→~

발음과 성조

💚 성조 붙은 단어쓰기 순서

1 Thanh ngang

평평하게 발음합니다.

2 Thanh huyền

평평하게 아래로 내려서 발음합니다.

3 Thanh ngã

중간에 잠시 낮아졌다가 급격히 꺾이는 상승음으로 발음합니다.

4 Thanh hỏi

부드럽게 내려오다가 다시 처음 음조까지 올리며 발음합니다.

5 Thanh sắc

평평하게 위로 올려서 발음합니다.

6 Thanh nặng

짧게 떨어지는 저음으로 발음합니다.

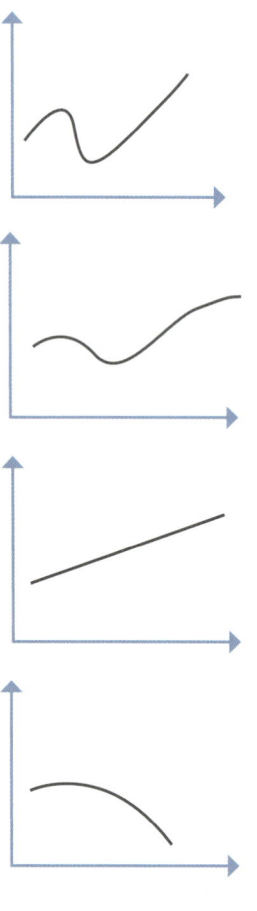

※ 베트남어의 특징

베트남어는 우리말과 달리 조사가 없고, 동사나 형용사의 활용이 없는 고립어입니다. 때문에 문법은 주어 – 서술어 – 목적어로 단어의 순서가 결정해 주며, 한편 꾸며주는 말이 뒤에 위치하고 성과 수의 구별이 없습니다. 또한 어휘는 한 개의 음절로 이루어진 단음절어입니다.

발음과 성조

⑤ 8개 끝 자음

베트남어 끝 자음은 형태상 ch, c, m, n, nh, ng, p, t 모두 여덟 개입니다. 모든 자음은 뒤에 결합하는 모음 자음과 연음현상이 없습니다.

문자	예		발음
-ch/쩌/	Kịch 끽	tách 따익	우리말 'ㄱ'음으로 발음
-c/꺼/	các 깍	lúc 룩	우리말 'ㄱ'음이지만 o, ô, u와 결합하면 입을 다물고 발음
-m/머/	tôm 똠	làm 람	우리말 'ㅁ'음으로 발음
-n/너/	ăn 안	bàn 반	우리말 'ㄴ'음으로 발음
-nh/녀/	mình 민,밍	anh 아인,아잉	우리말 'ㄴ'음이지만 'ㅇ' 발음이 첨가
-ng/응어/	nắng 낭	ông 옹	우리말 'ㅇ'음이지만 o, ô, u와 결합하면 입을 다물고 발음
-p/퍼/	hộp 홉	lớp 럽	우리말 'ㅂ'음으로 발음
-t/떠/	một 못	bát 밧	우리말 'ㅅ'음으로 발음

◆ 북부지방에서는 a, ê, i가 nh 또는 ch를 만나면 /i/ 발음이 섞이며 짧게 발음됩니다.
    ex) sách / saik(사익)   bênh / bêin(베인)   xich / xiɪk(씨익)

◆ 모음과 끝 자음의 결합 시 발음
  : 1) 아래 단어는 발음 시 짧은/i/ 발음이 추가되어 발음됩니다.
    2) 단어 끝의 받침에 – nh가 오면 ㄴ/ㅇ 의 중간발음입니다.
      -inh인/잉   ich익   anh 아인/아잉   ach아익   ênh에인/에잉   êch에익

⑥ 6성조

베트남어는 여섯 개의 성조를 가지고 있습니다. 베트남어 중심 모음 아래 위에 성조를 붙여서 표기하기 때문에 보기에 편리합니다. 성조를 다르게 말하게 되면 전혀 다른 뜻이 되므로 정확히 발음하는 것이 중요합니다. 한편 남부지방에서는 thanh ngã(타인응아)를 thanh hỏi(타인호이)로 발음하는 경향이 있습니다.

차례	성조명	표시	예
1	Thanh ngang 타인 응앙	모음 위 아래 아무런 표시가 없음	ba ma
2	Thanh huyền 타인 후이엔	모음 위에 ` 표시가 있음	bà mà
3	Thanh ngã 타인 응아	모음 위에 ~ 표시가 있음	bã mã
4	Thanh hỏi 타인 호이	모음 위에 ? 표시가 있음	bả mả
5	Thanh sắc 타인 삭	모음 위에 ´ 표시가 있음	bá má
6	Thanh nặng 타인 낭	모음 아래에 . 표시가 있음	bạ mạ

m /머/	ma 마	môi 모이	입술을 붙였다 떼서 발음하는 'ㅁ'
n /너/	na 나	non 논	혀끝을 앞니 뒤에 댔다가 발음하는 'ㄴ'
ng /응어/	nga 응아	ngu 응우	목구멍에서 머금고 발음하는 '응'
ngh /응어/	nghi 응이	nghiên 응이엔	목구멍에서 머금고 발음하는 '응' (h는 묵음)
nh /녀/	như 니으	nhu 니우	혀끝을 입천장에 댔다가 떼면서 발음하는 '니'
p /퍼, 뻐/	pin 삔 또는 피 pê-đan 뻬단 또는 페단		입술을 붙였다 떼서 발음하는 'ㅍ' 또는 'ㅃ' 첫 자음으로 'P' 단독으로는 거의 없다.
ph /퍼/	pha 파	phu 푸	영어의 f처럼 발음하는 'ㅍ'
q /꿔/	qua 꾸아	quyển 꾸이엔	약하고 짧게 발음하는 'ㄲ' (남부에서는 발음하지 않음)
r /지/	ra 자	răng 장	성대를 떨면서 혀끝을 말며 발음하는 'ㅈ' (남부에서는 영어의 'r'처럼 발음)
s /서/	sa 싸	so 쏘	혀끝을 말아 입천장에 마찰시켜 발음하는 'ㅆ'
t /떠/	tôi 또이	ta 따	약하고 짧게 발음하는 'ㄸ'
th /터/	thôi 토이	thu 투	'ㅎ' 음을 섞어 혀끝으로 발음하는 'ㅌ'
tr /쩌/	tra 짜	tre 째	혀끝을 말아 입천장에 마찰시켜 발음하는 'ㅉ'
v /버/	va 바	vô 보	영어의 v처럼 발음하는 'ㅂ'
x /써/	xa 싸	xôi 쏘이	약하고 짧게 발음하는 'ㅆ'

- c, k, q는 'ㄲ' 소리를 냅니다. 다만 뒤에 오는 모음에 따라 형태만 변할 뿐입니다.
  cứu 끄우 kem 깸 qua 꾸아 c는 모음 a(ă, â), o, ơ, u, ư, k는 모음 e(ê), i(y), q는 항상 모음 u와 결합해서 쓰입니다.

- ch, tr은 'ㅉ' 소리를 냅니다. 다만 tr은 r발음의 영향으로 혀끝을 말아서 발음하는 경향이 있습니다. 일부 북부지역에서는 ch와 tr음을 구별하지 않고 ch로만 발음합니다.
  chào 짜오 trao 짜오

- d, gi, r은 'ㅈ' 소리를 냅니다. 다만 r은 혀끝을 말아서 발음하는 경향이 있습니다.
  du 주 gió 쇼 ru 주

- g, gh는 'ㄱ' 소리를 냅니다. 다만 뒤에 오는 모음에 따라 형태만 변할 뿐입니다.
  găng 강 ghen 갠 g는 모음 a(ă, â), o(ô), ơ, u, ư, gh는 e, ê, i(y)와 결합해서 쓰입니다.

발음과 성조

② 9개 삼중 모음

문자	예	발음	문자	예	발음
ươi/으어이/	người cười	응어이 끄어이	yêu/이에우/	yếu	이에우
uyê/우이에/	thuyền tuyên	투이엔 뚜이엔	oai/오아이/	xoài khoai	쏘아이 코아이
uôi/우오이/	chuối buồi	쭈오이 부오이	oay/오아이/	xoáy loay	쏘아이 로아이
ươu/으어우/	hươu bướu	흐어우 브어우	uya/우이아/	khuya luya	쿠이아 루이아
iêu/이에우/	diều hiểu	지에우 히에우			

④ 27개 첫 자음

베트남어의 자음은 성대를 떨면서 발음하는 것이 많습니다. 또한 우리말의 받침으로 나오는 ng(응)이나 ngh(응)가 첫 자음으로 나오는 단어의 발음은 쉽지 않으므로 많은 연습을 필요로 합니다.

문자	예		발음
b/버/	ba 바	bờ 버	성대를 떨면서 발음하는 'ㅂ'
c/꺼/	ca 까	cô 꼬	약하고 짧게 발음하는 'ㄲ'
ch/쩌/	cha 짜	chua 쭈어	약하고 짧게 발음하는 'ㅉ'
d/저/	da 자	dan 잔	혀끝을 사용하여 목구멍으로 영어의 z처럼 발음하는 'ㅈ' (남부에서는 반모음 '이'로 발음)
đ/더/	đa 다	đi 디	목구멍으로 발음하는 'ㄷ'
g/거/	ga 가	gỗ 고	목구멍으로 발음하는 'ㄱ'
gh/거/	ghi 기	ghim 김	목구멍으로 발음하는 'ㄱ' (h는 묵음)
gi/지/	gia 쟈	giỏi 죠이	혀끝을 사용하여 목구멍으로 영어의 z처럼 발음하는 '지' (남부에서는 발음하지 않음)
h/허/	ho 호	hai 하이	목구멍으로 발음하는 'ㅎ'
k/까/	kim 낌	ki-lô 낄로	약하고 짧게 발음하는 'ㄲ'
kh/커/	khá 카	khoa 코아	ㅎ 음을 섞어 목구멍으로 발음하는 'ㅋ'
l/러/	lê 레	lông 롱	혀끝으로 발음하는 'ㄹ'

3 복모음

베트남어 모음은 2개, 3개의 모음이 결합되어 복모음을 만듭니다. 발음상으로는 우리말로 두 세 단어지만 실제로 발음할 때는 한 단어처럼 이어서 발음하는 것이 중요합니다.

① 28개 이중 모음

문자	예	발음	문자	예	발음
ai/아이/	ai hai	아이 하이	ây/어이/	dây cây	저이 꺼이
ia/이어/	kia thìa	끼어 티어	ao/아오/	sao chào	사오 짜오
iê/이에/	viên riêng	비엔 지엥	au/아우/	rau lau	자우 라우
oa/오아/	hoa tòa	호아 또아	âu/어우/	cầu bầu	꺼우 버우
oă/오아/	hoặc hoản	호악 호안	eo/애오/	mèo béo	매오 배오
oe/오애/	toe hòe	또애 호애	êu/에우/	rêu phễu	제우 페우
ua/우어/	mua của	무어 꾸어	oi/오이/	ngói còi	응오이 꼬이
uâ/우어/	huân tuân	후언 뚜언	ôi/오이/	thổi chổi	토이 쪼이
uê/우에/	quê huế	꾸에 후에	ơi/어이/	bơi mới	버이 머이
uô/우오/	uống buồn	우옹 부온	iu/이우/	rìu chịu	지우 찌우
uy/우이/	huy tuy	후이 뚜이	ưu/으우/	lựu mưu	르우 므우
ưa/으어/	mưa nửa	므어 느어	ui/우이/	núi vui	누이 부이
ươ/으어/	mượn được	므언 드억	ưi/으이/	gửi ngửi	그이 응으이
ay/아이/	bay xay	바이 싸이	uơ/우어/	huơ	후어

♦ 단어 끝자리에 모음 a가 모음 u, ư, i 와 결합할 때는 "어"로 발음합니다.
  cua/꾸어 / mưa/므어 / kia/끼어/ (단, qua-/꾸아/는 예외입니다.)
  단, 단어 끝자리에 모음 a 가 모음 o 와 결합하는 경우는 원래 음가대로 발음합니다.
  예를 들면 hoa/호아 / xóa/쏘아 / tòa/또아/

발음과 성조

2. 12개 단모음

문자	발음	예		발음	
a	아	우리말 '아'와 같이 입을 크게 벌린다	an 안		nam 남
ă	아	짧게 발음하는 '아'	ăn 안		lăm 람
â	어	짧게 발음하는 '어'	âm 엄		cân 껀
e	애	우리말 '애'보다 입을 작게 벌린다	em 앰		me 매
ê	에	우리말 '에'보다 입을 작게 벌린다	êm 엠		mê 메
i	이	짧게 발음하는 '이'	im 임		tai/따-이/
y	이	길게 발음하는 '이'	yên 이엔		tay/따이/
o	오	'오'와 '아'의 중간음으로 낸다	ong 옹		to 또
ô	오	우리말 '오'와 같다	sông 송		ôm 옴
ơ	어	길게 발음하는 '어'	mơ 머		cơm 껌
u	우	우리말 '우'와 같다	um 움		cum 꿈
ư	으	우리말 '으'와 같다	tư 뜨		hư 흐

◆ o(오), ô(오), u(우)가 끝 자음 ng(응), c(세)와 결합하면 발음 후 입술을 모읍니다.
học 혹ㅁ / sông 송ㅁ / cũng 꿍ㅁ / múc 묵ㅁ

♥ 문자 써보기 (알파벳과 동일한 문자는 제외했습니다)

Ă A → Ă □□□□□   ă a → ă □□□□□□

Â A → Â □□□□□   â a → â □□□□□□

Đ D → Đ □□□□□   đ d → đ □□□□□□

Ê E → Ê □□□□□   ê e → ê □□□□□□

Ô O → Ô □□□□□   ô o → ô □□□□□□

Ơ O → Ơ □□□□□□   ơ o → ơ □□□□□□

Ư U → Ư □□□□□□   ư u → ư □□□□□□

발음과 성조

1 베트남어 29개 문자

베트남어의 표준어는 수도 '하노이'를 중심으로 한 북부 발음입니다. 북부·중부·남부 세 지방에 따라 어휘·발음·성조의 차이가 있고 f, j, w, z가 없으며 đ(데)가 추가되어 29개의 문자를 이루고 있습니다.

문자	명칭	발음	음가	문자	명칭	발음	음가
A	a	아	아	N	en-nờ	너	ㄴ
Ă	á	아	아	O	o	오	오
Â	ớ	아	어	Ô	ô	오	오
B	bê	버	ㅂ	Ơ	ơ	어	어
C	xê	꺼	ㄲ	P	pê	퍼	ㅃ
D	dê	저	ㅈ	Q	cu	꿔	ㄲ
Đ	đê	더	ㄷ	R	e-rờ	러	ㅈ
E	e	애	애	S	ét-sì	서	ㅆ
Ê	ê	에	에	T	tê	떠	ㄸ
G	giê	거	ㄱ	U	u	우	우
H	hát	허	ㅎ	Ư	ư	으	으
I	i ngắn	이	이	V	vê	버	ㅂ
K	ca	까	ㄲ	X	ích-xì	써	ㅆ
L	e-lờ	러	ㄹ	Y	i dài	이	이
M	em-mờ	머	ㅁ				

※ 이 책은 북부지역 수도 하노이 표준어를 바탕으로 집필되었으며, 하나의 문자는 하나의 음가를 가지므로 문자와 문자의 명칭인 발음 보다는 음가를 암기해야 합니다.

발음과 성조

- ♥ 01 베트남어 29개 문자
- ♥ 02 12개 단모음
- ♥ 03 이중 모음
- ♥ 04 27개 첫 자음
- ♥ 05 8개 끝 자음
- ♥ 06 6성조

Contents

Part 9	Chị có làm việc ở khách sạn không? 호텔에서 일해요? (부정명사)	103
Part 10	Đến viện bảo tàng lịch sử phải đi đường nào? 역사박물관 가려면 어느 길로 가야 해요? (명령문)	111
Part 11	A-lô, Cho tôi gặp thầy Thu 여보세요? 투 선생님 바꿔주세요. (조동사)	119
Part 12	Anh tìm cái gì? 무엇을 찾아요? (종별사)	127
Part 13	Cho tôi xem thực đơn 메뉴를 보여주세요. (수량을 나타내는 동사)	137
Part 14	Tôi muốn gửi thư đến Hàn Quốc 한국으로 편지를 보내고 싶어요. (접속사)	147
Part 15	Tôi đi xem nhà để thuê 저는 셋집을 보러 가요. (전치사)	155
Part 16	Tôi bị đau đầu 머리가 아파요. (수동태의 조동사)	163
Part 17	Anh cho tôi chỗ cạnh cửa sổ 창가 자리로 주세요. (방향을 나타내는 동사)	173
Part 18	Anh có biết núi nào cao nhất ở Việt Nam không? 베트남에서 가장 높은 산이 어떤 산인지 아세요? (비교급, 대명사)	183

간단한 베트남어 문법   191
문제 있어요! 정답   211

이 책의 차례

머리말	3
이 책의 구성과 특징	4
이 책의 차례	6
발음과 성조	
베트남어 29개 문자	10
12개 단모음	12
이중모음	13
27개 첫 자음	14
8개 끝 자음	16
6성조	16
베트남은....	20

Part 1   Rất vui được gặp cô.   27
만나서 매우 반가워요. (소개, 인사)

Part 2   Anh làm nghề gì?   37
직업이 뭐예요? (의문사)

Part 3   Tiếng Việt có khó không?   47
베트남어는 어려워요? (형용사)

Part 4   Chị có muốn xem ảnh gia đình của tôi không?   55
우리가족사진 볼래요? (숫자)

Part 5   Tôi thích nhạc cổ điển.   65
저는 고전음악을 좋아해요. (상관접속사)

Part 6   Ngày mai là hôm thứ mấy?   73
내일은 무슨 요일이에요? (날짜와 시제)

Part 7   Xin lỗi, bây giờ là mấy giờ?   85
실례지만, 지금 몇 시예요? (시간)

Part 8   Chị đã xem dự báo thời tiết chưa?   95
일기예보 봤어요? (기본 행위 동사)

현재 베트남과 한국의 관계

1992년 12월 22일에 한국과 베트남은 외교관계를 맺었습니다. 20년 이상 한-베 우호 및 협력 관계가 크게 발전했고 많은 성공도 얻었습니다. 베트남은 동남아시아 지역의 전략적인 파트너 국가 중의 하나가 되었습니다. 그런 전략적 파트너로서의 관계는 모든 분야에서 양국의 협력에 의해 명백히 드러나고 있습니다. 매년 양국 최고 지도자들이 서로 방문하고 만납니다. 2013년에 박근혜 대통령이 베트남을 방문했고, 2014년 10월 초 응웬 푸 쫑 베트남 공산당 총 서기장이 한국을 방문했습니다. 이런 방문 및 협의가 양국의 정치적인 신뢰를 더욱 강화시키고, 양국 간의 기타 분야 협력 및 개발을 위해 편리한 환경이나 조건을 갖추어 주고 있습니다.

한-베 경제협력은 다른 국가간의 경제협력의 모범이라고 볼 수 있습니다. 20여 년간 양국 간의 경제협력은 우수한 성과를 얻었습니다. 투자, 무역, ODA, 과학기술, 인력 발전 등의 분야에 대해 서로 중요한 파트너가 되고 있습니다.

저는 양국 간의 문화와 역사가 비슷한 점이 양국의 우호 및 협력 관계를 향상하는 데에 중요한 기반이라고 생각합니다. 일반 외교 관계뿐만 아니라 한국과 베트남은 특별한 관계입니다. 약, 800년 이전에는 베트남의 '이'씨 성 가족이 한국으로 왔고, 현재 한-베 다문화 가족이 50만 세대 이상 되었다는 것은 한국과 베트남이 혈연관계, 친척관계라는 점을 시사합니다.

문화는 양국이 서로 가까워지는 중요한 다리 역할을 합니다. 베트남에서 자주 언급하는 단어가 바로 한국이고 김치, 한복, 한국드라마, 한국 상품, 제주도 등은 베트남 사람들에게 낯설지 않습니다. 한국 사람들에게도 베트남이라는 나라 이름이 익숙해졌고 아오자이, 베트남 쌀국수, 하롱베이 등이 더 이상 낯선 어휘가 아닙니다. 그리고 한국학과나 한국어과가 베트남 대학교에서 많이 생기고 한국어과 졸업생들도 현재 수백만명이나 됩니다. 한국에서도 5개의 대학교가 베트남어과를 두고 있습니다. 특히, 한국어와 베트남어는 양국 고등학교에서 교육하는 외국어이기도 합니다.

양국 국민의 이익 및 지역과 세계의 번영, 발전을 위해서 양국의 지도자와 국민들의 결심, 서로 주고 받는 사랑으로 앞으로 한-베 우호 협력관계가 더욱 좋게 발전할 거라고 믿습니다.

前 주한베트남대사 팜 후 찌(Phạm Hữu Chí)

주한베트남 대사 인사말

Giữa quan hệ Việt Nam và Hàn Quốc hiện nay

Việt Nam và Hàn Quốc đã thiết lập quan hệ ngoại giao ngày 22/12/1992. Sau hơn 20 năm, quan hệ hữu nghị và hợp tác Việt-Hàn đã phát triển tốt đẹp, đạt được nhiều thành công. Việt Nam đã trở thành một trong hai nước đối tác hợp tác chiến lược của Hàn Quốc trong khu vực Đông Nam Á. Nội dung đối tác chiến lược ấy được thể hiện rõ trong hợp tác giữa hai nước trên tất cả các lĩnh vực.

Hàng năm, Lãnh đạo cấp cao hai nước thường xuyên thực hiện thăm viếng và tiếp xúc với nhau. Năm 2013 Tổng thống Pắc Cưn Hê đã thăm Việt Nam, đầu tháng 10/2014, Tổng Bí thư Đảng Cộng sản Việt Nam Nguyễn Phú Trọng cũng đã thăm Hàn Quốc. Những chuyến thăm và thỏa thuận cấp cao đã giúp củng cố thêm lòng tin chính trị giữa hai nước, đã và đang tạo môi trường thuận lợi cho việc phát triển hợp tác hai nước trên các lĩnh vực khác.

Hợp tác kinh tế Việt-Hàn có thể coi là hình mẫu cho hợp tác kinh tế giữa các quốc gia. Mới chỉ sau hơn 20 năm, hợp tác kinh tế hai nước đã đạt nhiều thành tựu vượt bậc, hai nước đã trở thành những nước đối tác quan trọng hàng đầu của nhau cả về đầu tư, thương mại, ODA, KHCN, phát triển nhân lực...

Tôi cho rằng những điểm tương đồng về lịch sử, văn hóa giữa hai nước là cơ sở quan trọng nhất trong việc thúc đẩy quan hệ hữu nghị và hợp tác hai nước là rất đúng. Quan hệ Việt Nam - Hàn Quốc là quan hệ đặc thù, không chỉ là quan hệ ngoại giao bình thường mà còn là quan hệ huyết thống, thông gia từ thời 2 dòng họ Lý Việt Nam sang Hàn Quốc cách đây 800 năm cũng như từ hơn 5 vạn gia đình đa văn hóa Việt-Hàn hiện nay.

Văn hóa là cầu nối quan trọng cho hai nước xích lại gần nhau. Tại Việt Nam, Hàn Quốc đã trở thành cái tên được nhiều người nhắc đến với những hình ảnh quen thuộc về Kimchi, Hanbok, phim ảnh, hàng tiêu dùng, đảo Jeju. Người dân Hàn Quốc cũng đã thân quen với cái tên Việt Nam với hình ảnh của áo dài, phở, vịnh Hạ Long...Các Khoa Hàn Quốc học, Khoa tiếng Hàn đã xuất hiện nhiều tại các trường đại học của Việt Nam với hàng trăm học sinh tốt nghiệp hàng năm. Tại Hàn Quốc cũng đã có Khoa Việt Nam học, Khoa tiếng Việt ở 5 trường Đại học. Tiếng Hàn và tiếng Việt cũng đang trở thành ngôn ngữ giảng dạy tại bậc PTTH hai nước.

Tôi tin rằng, với quyết tâm của lãnh đạo và nhân dân hai nước, với tình yêu chúng ta dành cho nhau, tình hữu nghị và quan hệ hợp tác hai nước sẽ tiếp tục phát triển tốt đẹp trong thời gian tới vì lợi ích của nhân dân hai nước, vì thịnh vượng và phát triển chung của khu vực và thế giới.

머리말

제가 처음에 베트남어를 배운다고 했을 때 주위에선 고개를 갸우뚱거리는 분들이 많았습니다. 하지만 졸업 후 우리나라와 베트남의 관계가 긴밀해지고 베트남이 WTO에 가입하면서 우리나라와 일본이 베트남에 투자하는 국가로서 1, 2위를 다투게 되면서 자연스럽게 베트남어를 배우고자 하는 분들의 수가 많이 늘고 있습니다.

기업들은 적극적인 베트남의 투자를 위해 직원들에게 베트남어 교육을 실시하고 있으며, 개인적으로 사업 진출을 원하시는 분들, 유학생, 최근에는 베트남에서 시집온 아내를 맞이하는 한국 남편들까지 베트남어는 꾸준한 인기를 얻고 있습니다.

베트남에서의 사업이든 공부든 그 나라에 대한 새로운 도전은 현지 언어 습득과 문화 이해가 있어야만이 비로소 가능하다고 봅니다. 이 책은 기초 문법과 회화를 중심으로 현지 문화에 바탕을 둔 실용적인 예제를 들어 베트남어에 흥미를 붙일 수 있도록 구성되어 있습니다. 영어와는 조금 다른 문법으로, 중국어 4성처럼 성조가 있는 6성조로 되어 있지만 표기는 알파벳으로 하는 베트남어의 재미에 흠뻑 빠져보시기 바랍니다.

끝으로 베트남어를 시작하는 분들에게 유용한 책이 될 것을 약속 드리며, 이 책을 만드는 데 도움을 주신 많은 분들께 감사드립니다.

저자 정보라